Pusikan

Über die Bedeutung der Wappenfiguren

Pusikan

Über die Bedeutung der Wappenfiguren

ISBN/EAN: 9783743428652

Hergestellt in Europa, USA, Kanada, Australien, Japan

Cover: Foto ©ninafisch / pixelio.de

Manufactured and distributed by brebook publishing software (www.brebook.com)

Pusikan

Über die Bedeutung der Wappenfiguren

Ueber die

Bedeutung der Wappenfiguren

von

Pusikan.

Nürnberg, 1877.
Verlag von Bauer & Raspe.
E. Küster.

Bernd sagt S. 68 seiner allgemeinen Wappenwissenschaft: „Bei welcher Gelegenheit, zu welches Geschehenen, welcher That Andenken diese Bilder — — dienen, — — können nur die wissen, welche diese Wappen und Wappenbilder wählten oder ertheilten, und können Andere nur durch Mittheilung von denselben erfahren. Es ist daher eine sonderbare Zumuthung und unbillige Forderung, wenn man von einem Wappenlehrer verlangt, dass er jedes vorgelegte Wappen deuten und erklären soll." Diese Zumuthung wird von den Laien beständig gestellt, sie sehen in solcher Deutung den einzigen Gegenstand der Heraldik, und Anfänger in der Kunst fühlen sich in dieser Hoffnung fast immer getäuscht. Zuvörderst darum, weil die Wappen erst nach dem dreissigjährigen Kriege das Andenken an einzelne Thaten zu bekommen pflegten, wenigstens gilt dies für Deutschland. Früher ward stets festgehalten, dass das Wappen nicht dem Einzelnen sondern dem ganzen Geschlecht angehört: demgemäss hätte ein Geschehenes auf Schild und Helm nur dann verewigt werden können, wenn es an das Wunderbare streifend, von so ungeheurem Belang war, dass ein Ueberbieten durch die Nachkommen in aller Ewigkeit ausser Erwarten stand, wie z. B. die Rettung Frankreichs durch die Jungfrau von Orleans; die Verwandten Johannas bekamen wie bekannt ein derartiges Wappen. Für die Entdeckung von Amerika, ebenfalls eine Leistung sondergleichen, erhielt Columbus das eine Feld silbern (Meer) mit fünf, 2,3 unregelmässigen Goldflecken von verschiedener Grösse (Westindische Inseln). Uebrigens soll obige Bemerkung nur für Deutschland gelten, denn es liegen aus der Zeit vor 1500 mehrere Verleihungen durch Matthias Corvinus, polnische, portugiesische und andere Herrscher mit Beziehungen auf persönliche Verdienste auch weit geringeren Schlags vor. Von den Wappensagen jener Länder mögen einige wohl geschichtlichen Grund haben, die Deutschen aber sind, wenn solchen Inhalts, fast alle nachweislich falsch. Auch scheint es ein tückisches Spiel des Zufalls, dass die sobeschaffenen Wappen auch aus guter heraldischer Zeit meist sehr misslungen ausfielen, ausgenommen jenes des Chevalier du Lys. Nach dem dreissigjährigen Kriege begann man auch in deutschen Landen die Bestimmung der Wappen — die erbliche ausser Acht zu lassen; anfangs geschah dies nur ausnahmsweise und nicht auffallend, z. B. in der Art, dass das verliehene Wappenthier des Landesherrn eine Figur zu packen bekam, welche auf den Beruf oder die Verdienste seines Unterthans anspielte; nach und nach hat das neue System überhand genommen. Dem Standhaften wird eine Säule, dem Sieger ein Lorbeerkranz, dem Wachsamen ein Kranich mit Stein, dem Tapfern ein Bär, dem Fleissigen eine oder mehrere Bienen, dem Bienenvater ein Bienenkorb, dem Landwirth eine Garbe oder ein Stiergesicht, dem Armeelieferanten ähnliches, dem Bergmann ein Stollen, dem Eisenschmelzer ein Hochofen, dem Gelehrten ein Buch, dem Orientalisten eine Sphynx, dem Eisenbahner gekreuzte Signalfahnen wo nicht gar eine Locomotive, dem Richter eine Wage oder die ganze Themis, dem Krieger ein Schwert, insbesondere dem Artilleristen ein Geschütz, dem Arzt ein Schlangenstab, dem Dichter ein Hyppogriph, dem Kaufmann ein geflügelter Schlangenstab, wenn er Seehandel treibt ein Anker oder Schiff etc. verliehen, dies möglichst in den Landesfarben, oder wenn das nicht angeht, mit einem besonderen hinzugegebenen Theilungsbilde in diesen Tincturen; die Decke am Helm bekommt dann ebenfalls die Landesfarben, oder vorn diese, hinten die Farben der interessanten Figur und ihres Grundes. Solche Kanzleifrüchte sind gewöhnlich unschwer zu deuten. Die Zschackwitzschen und sonstig aus der Luft gegriffenen Erklärungen der Bilder und Farben gehören nicht hieher. In neuer Zeit sind Figuren und Landschaftsbilder verliehen worden, welche nicht wie obige langweilige Beispiele die Leistung des Nobilitirten im Allgemeinen versinnbildlichen, sondern eine besondere, nach Zeit und Ort bestimmte Begebenheit verewigen sollen, brennende Rückzugsbrücken, in Brèche gelegte Festungsmauern, zerschossene Lorgnetten, zerbrochene Hufeisen, Retorten mit Spirituslampen, astronomisch beobachtete Himmelskörper, welche schwerlich ein Siegelstecher ins

Petschaft graben, und noch viel weniger ein Heraldiker verstehen kann. Persönliche Beziehungen eines Einzelnen wollte man im Deutschen Mittelalter, da die Familie Alles, das Individium nichts war, durch die erblichen Wappen gewiss nicht ausdrücken. Wohl aber gab es Sinnbilder, die einem ganzen Geschlecht gemeinschaftliche, also erbliche Beziehungen zum Ausdruck brachten. Dahin gehören zuvörderst die Namenwappen, dann die zahllosen Verleihungen des Lehnsherrn an seine Vasallen, wie Adler, Löwen, Flügel, Greifenklauen, Pfauenfedern, Wecken, mannichfache Theilungsbilder mit den landesfürstlichen Farben, dann die bekannten, auf verschiedene Weise angebrachten Bilder des Schenken-, Truchsessen-, Marschall- und Kämmereramtes*); auch die übrigen Erbämter, welche nicht nothwendig durch „von erste rechte vrie Liute" sondern auch durch adliche Ministerialen verwaltet werden konnten, hatten ihre Bilder, z. B. der Kellerer manchmal Schlüssel, der Jägermeister in Süddeutschland fast immer einen Bracken; ebenso die Grosvenor, einst gros veneur der Normannenherzoge. Die unter dem Namen Turnierkragen, Brücke oder Bank bekannte Figur deutet zufolge Ledebur als **Hauptstück** stets auf das (häufig fast oder völlig erbliche) Richteramt und stellt die Gerichtsbank vor. Geistliches Vogteirecht oder Erbanspruch darauf ward zuweilen durch eine Infel auf den Helme ausgedrückt. Die häufig vorkommenden Schafscheeren könnten nach Fürst Hohenlohe wohl erbliches Schäfereirecht andeuten; Fische desgleichen die „Fischweid", Fischereirecht. Die Ritter von der Gesellschaft zum Fisch führten dies Thier als Beizeichen über dem Helme schwebend, doch kann es einmal verzeichnet und so zum Kleinod geworden sein. Sollten die übrigen Figuren bedeutungslos, und das Volksbewusstsein, welches das Gegentheil annimmt, irrig sein? Masch sagt bei Pierer: „Wenn man auch nicht leugnen kann, dass die Herolde, die ältesten Pfleger der Wappenwissenschaft eine gewisse Allegorie mit den Wappenbildern verbanden, so ist doch wiederum gewiss, dass uns die Grundzüge dieser geheim gehaltenen Weise nicht mehr bekannt,

---

*) Die sechs Goldscheiben, Brote vorstellend, der Moncada zielen nach Menestrier auf ihr Truchsessamt. Hierher gehören auch die Feldkessel der ricohombres.

auch wohl nicht mehr aus den vorhandenen Bildern zu entnehmen sind. — — Dass die ältesten Wappen willkührlich von den durch die Geburt dazu Befähigten angenommen wurden, ist ausser Frage gestellt." Wenn man sich mit diesem anziehenden Gegenstande beschäftigt, stösst man auf derartige Schwierigkeiten, dass es sich wohl begreift, warum so wenig darüber veröffentlicht wurde. Die hauptsächlichste ist das beständige Durchkreuztwerden von den Namenwappen, die, wenn schon oft weithergeholt und typisch-ornamental dargestellt zur Zeit Kaiser Friedrich II. einen ebenso krassen Realismus zeigen wie zu jener Voltaires. Bei den Namenwappen ist weder an einen allegorischen Sinn der Figuren zu denken, noch ist in der Regel Rücksicht auf Lehensherrn und Erbamt genommen. Namenwappen aber gibt es überall eine grosse Menge; im Mittelalter waren mehr als heutzutage, da es unsern aufgeweckten aber nicht schriftgelehrten Vorvordern besonders daran gelegen sein musste, ihren Namen rebusartig in gemeinfasslicher Weise von Schild und Helm herab auszudrücken. Viele sind nicht mehr verständlich, weil der mittelalterliche Name des Gegenstandes oder der Gegenstand selbst vergessen worden sind, weil derselbe später falsch gezeichnet wurde, weil der Name des Geschlechtes sich änderte, bei andern ist der Sinn versteckt, bei noch andern war die Benennung von vornherein eine landschaftliche, und überdies genügte ein so geringer Anklang an den Geschlechtsnamen, dass er dem Leser oft entgeht; ferner verhüllt die typisch-ornamentale Darstellung nicht selten den Sinn. Graf Hoverden erklärt in seinem Hefte über die Bedeutung der Heroldstücke den Dachenhausenschen Schild um 1200, unter rothem Haupte ein Schach viermalvier weis und schwarz, als die Darstellung eines gemauerten Hauses unter rothem Dache. Ebenso führen Waldbott, Bruchhausen, Birke genannt Birkmann, Eller (Erle), Varst oder Forst, Forestari und andere Geständertes als Namenwappen: die vom Herzen nämlich dem Dorfe ausgehenden Dreiecke bezeichnen hierbei die zur Urbarmachung bestimmten Waldantheile der verschiedenen Besitzer mit abstechenden Farben nicht anders als eine heutige Landkarte. Auch bei Neu-Bruchhausen, von Weiss und Roth je zwei getheilt, vermuthet der oben genannte Gelehrte ein ähnlich beschaffenes Namenwappen. Dagegen spielt bei den Kärntnern von dem Hard ein Eichenblatt auf den Namen an. Bei Namen mit — bach, — beck, — ach, — furt,

— strom scheint der Schrägbalken redend, auch wenn er nicht gewellt und gefluthet oder durch Belegung mit Fischen bestimmt als Wasser bezeichnet ist. Die Steirer Mürtzer, Siebmacher I, 44 führten in einem Schachbrett von Gold, Roth, Blau einen gewellten, gewässerten Balken silbern, offenbar die Mürtz. Die Tiroler Pflaum (altdeutsch = Fluss, flumen) und die Französischen Bureau de la Rivière*) führten einen Schrägstrom. Die Baiern Strudel, Siebm. II, 56 von Roth und Silber getheilt, übers Ganze goldener Stern; der silberne Theil stellt Wasser vor, welches bewegt ist ausser wo der Stern scheidet: es ist eine Wasserkunst, die man Strudel nannte. Die Kärntner Würe aus dem Lavantthale einen, zuweilen drei Fische, von wüer bojoarisch Wasserwehr. Die Utrechter Wulven mit Wellenlinien (holländisch golven = Wellen) getheilt von je drei Gold und Roth. Die von l'Eau führen die untere silberne Theilhälfte gewässert, die Still und Drope in England haben Wassertropfen oder wie es dort heisst guttée (Tropfen lateinisch stilla, englisch drop). In der alten Englischen Heraldik werden Quellen, Wasserpfützen, syke, well, fountain, durch silberne Runde mit etwa sechs gewellten gewässerten blauen Balken dargestellt und von Familien mit derartigen Namen geführt, z. B. zu 2,1 in Gold. Ein sehr altes Bild ist dortlands der Wirbel, gorge oder gurge, dargestellt durch einen schneckenförmigen Streifen, der vom Herzen anhebt und sechsmal herumgeht, in die Ränder verlaufend; die Gorges von Langford führen ihn noch heute. Rivers (Flüsse) haben zwei mehrmal gebrochene, ursprünglich wohl nur geschlängelte Balken. Die Zeneggen in Kärnten erhielten noch im 16. Jahrhunderte schräg dreigetheilt, das Mittelstück viermalgespalten, einmalgeschrägt und sechsmal gegengeschrägt in 20 Dreiecke, die obere Schrägreihe aus silbernen und rothen, die untere aus goldenen und blauen gestückt; dies giebt zweimal zehn Ecken oder Spickel; doch hat der sinnige Herold in richtiger Voraussicht, dass dies Namenwappen durch unrichtiges Aufreissen des Theilungsbildes zu reden aufhören wird, in dem unteren rothen Schildesdrittheil noch einen grünen Hügel mit einem Schnecken begipfelt. Kaiser Friedrich III. ertheilte 1465 dem Niclas Findenig zu St. Veit Mond und Sterne, das heraldische Bild der Nacht,

*) Nach Armorial de France de la fin du quatorzième siècle publié par M. Douet-Darcq, Paris 1859.

bei der man nicht finden kann. Die Zanotti von Ravenna führen Fledermäuse (landschaftlich l'c zà nott = es ist schon Nacht). Zum Tagstern in der Schweiz, bei Siebmacher III, 179, 186 haben im rothen Schilde mit goldenem zu zehn gewölktem Bord ein blaues Schildlein, darin goldenen Stern; der Morgenstern am blauen Himmel, mit roth und goldenen Wolken gesäumt. Die Steirer Donnersperg, bei Siebmacher II, 44 führen schwarz (vom Gewitter): aus blauem zu vier gewölkten Haupte (dem schon reinen Himmel) drei goldene Flammenstrahlen nebeneinander in einen goldenen (erleuchteten) Dreiberg herabfahrend; den Donner wird mancher Freund ächter Wappenkunst hierbei fast zu hören glauben. — Mehrere Geschlechter Strasser führen einen Schrägbalken als Strasse. — Den Hennebergern wurde der Schild von den erloschenen Grafen von Henneberg verliehen, das Augsburger Geschlecht Ravenspurger führt die Figur aus dem Wappen der Stadt Ravenspurg: beides sind, da nicht etwa irgend ein Anspruch damit verbunden wurde, reine Namenwappen. — Durch die Tinctur reden die Wappen der Rubei in Italien, White in England, Bielski (weiss) in Polen, blosse Farbewappen, auch jene der Roth, deren einer bei Sempach fiel, der Abtei Roth, wo das Roth ungewöhnlich vorwaltet, der Bairischen Goldeck, in roth eine ausgeschweifte goldene Spitze, der Englischen Gould, der Französischen Marquis d'Argens, der Münchener Niger, schwarzer Igel, und viele andere, besonders aber jene mit grün. Dieses war bei deutschen Schilden nicht sehr häufig die Hauptfarbe, wenn schon zuweilen, z. B. war der Schild grün, welchen Wolfdietrich dem Sohne des alten Hildebrand lieh, auch in Percival erscheinen grüne Schilde; immerhin kam es nicht oft, bei weitem nicht so oft vor als aus der Publication der Zürcher Rolle geschlossen werden könnte, bei welcher mehrmal Grün genommen wurde, wo im 700jährigen Original undeutliches Blau steht: bei der Seltenheit der Tinctur erweckt sie die Aufmerksamkeit auf das sinnbildliche, so dass man im grünen Felde der Meissner Wiesener, der Märker Wiesenbrohe und der Spanier Prado leicht die Wiese erkennt; die gleiche Farbe wird bei den Schlesiern Grünberg durch einen grünen Balken in roth ausdrückt, wo Farbe auf Farbe sogleich ein Habtacht! zu rufen bestimmt scheint; die Inpruck führen einen weisen Balken in Grün als Brücke über den Inn auf Schild und Helmflug; die

Groeneveldt (sprich Grunfeld) in Preussen haben ein grünes
Feld. — Auch das Pelzwerk redet öfters, Fürst Hohenlohe erwähnt das Wappen der Ruche aus der Weingartner Liederhandschrift mit einem Pfahl von Rauchwerk und bringt zwei
Siegel mit Kürsch (Fehwammen) eines Oesterreichischen und
eines Regensburger Kürschner: Pellifex heisst in der lateinischen
Umschrift der Name; dann das Wappen der Florentiner Vai und
der Lapi del Vaio mit vair, Fehrücken. Die Spanischen Vera
führen einen Fehschild (veros), die Englischen Ferrers ebenso
(verrée ist die Normännische Blasonnirung in Glovers Wappenrolle), auch die Verana einen Eisenhutschild, die Vairas im östlichen Frankreich geviert von Feh und Roth, die Französischen
St. Hermine haben Hermelin. — Das Thier der Bairischen
Billich, wenn recht gezeichnet, wird jeder, der den Siebenschläfer
unter dieser Benennung kennt, als redende Figur betrachten,
entsprechend die Koppe (Kapphahn, Kapaun) der Nürnberger
Köppel, die Liesch- oder Rohrkolben der Liesch, den Becher
der Kopf, die drei Becher der Drykopf, den Strahl und Piel
(Pfeil) in den vielen Wappen so zusammengesetzter Namen, die
drei Kreiel der Stadt Kreilsheim, die Salzbütsche der Münchener
Pötscher, Pferd, Hengst, Maid, Mähre, Ross, Ors, Renner, Gurre,
Rapp in den betreffenden Wappen, auch bei den Engländern
Trotter, minder auf der Hand liegend ists bei der Stadt Stuttgart (Stutengaden), dann bei Heimenhoven in der Zürcher Rolle
und bei Heymenstein, Siebmacher II, 148, wenn man nicht gerade an den starken Heime, den Pferdeliebhaber in der Deutschen
Heldensage denkt. Der Wurm, welchen früher Worms führte,
soll der Drach Siegfrieds sein. Die Elsasser Wassichenstein,
Siebmacher II, 131 hatten in blutig rothem Felde sechs 3, 2, 1
abgehauene Verkehrthände weiss, an Walther den Helden von
Wasgenstein erinnernd, dem Hagen die rechte Hand abschlug,
die Mehrzahl darf nicht beirren. Schwaningen, Siebmacher III,
17, führen in Blau fünf 3, 1, 1 weisgesteinte goldene Fingerringe,
den untersten weissgeflügelt, diesen als Helmkleinod wiederholt,
deutlich die Ringe der Schwanenjungfrauen; die beiden in den
Oberecken sind zuviel, die wurden nur zum Ausfüllen und zur
Schildbefestigung hinzugefügt. Seyler sieht im Wappenbild der
von Ezel, zwischen zwei Säulen eine höhere gekrönte, Schachfiguren und zwar in letzterer einen König: dann ists wohl der
von Heunenland zwischen seinen Frauen Helke und Chrimhild;

sein Benehmen zu Ezelnburg kann schon mit jenem eines Schachkönigs verglichen werden. — N. 234 der Zürcher Rolle ist das ursprüngliche Wappen der Maness, wohl vom Ritter Rüdger Maness von Manegg, dem Freunde der Dichter und Sänger (urkundlich zuerst 1253, starb 1304) oder seinem kunstliebenden Sohne Johannes (starb 1297 als Chorherr) selbst gezeichnet, Manesse = Menschenfresser; bei späteren Darstellungen, schon in den Siegeln von 1328, wo der Eine Kämpfer unterliegt, ist das gleichsam Verbissene nicht so sprechend, und die Sache wurde daher schon manchmal als Ritterschlag aufgefasst, worüber selbst der ernste Bernd S. 72 seiner Wappenwissenschaft scherzt. Asseburg führen in Gold einen liegenden Vielfrass, bei welchem Thiere das Essen die grösste Rolle spielt. Das Ankerkreuz oder Mühleisenkreuz der Schweizer Eschenbach, die mit Walter IV, dem Mörder König Albrechts ausstarben und auch von den stammverwandten Schnabelburg nur kurze Zeit überlebt wurden, ist schon als rostartige Vorrichtung, um in der heissen Asche zu backen angesprochen worden; wenn das bei Eschenbach richtig ist, so dürfte dieselbe Figur bei den englischen Beck von Eresby, von denen sie dann durch Heirath an Willoughby gekommen ist, die gleiche Bedeutung haben. Offenbare Schildesbefestigungen sind zuweilen Namenwappen, z. B. obige Figur, altenglisch cross moulino oder fer de moulin bei den Englischen Molineux (Grafen Sefton), Ferre und Miller. Der Saracene der Meissner Thombshirn, Siebmacher I, 158 hat ein dummes Hirn, warum verschlösse er es sonst dem Lichte reiner Lehre! Mit der Lanzenspitze der Vorgass, Siebm. III, 179 machen sie in den Feindesreihen vor sich eine Gasse, auch das Lictorenbündel ihres Helmschmucks trägt man auf der Gasse vor. Jener öhlblattbekränzte oberhalbe Nackte der Oesterreichischen Friedel, Siebm. III, 53, welcher ein Schwert in die Scheide stösst, lässt, wenn richtig gezeichnet, keinen Zweifel an seiner friedlichen Natur. Die Giusti in Venedig und Zara haben drei altartige Gewichtsteine (giusto = recht, richtig), wie sie heute noch ähnlich zu Venedig im Gebrauche sind. Die Braunschweiger Schnackenburg führen Schlangen = Schnacken, die Rheinischen Schnuck einen Hecht, holländisch schnuk, auch die Reisehut einen vielreisenden Hecht, die Sachsen Römer Pilgerstäbe zur Römerfahrt, ebenso der schachberühmte Franzose de la Bourdonnaye und die altenglischen Bourdon (Bourdon, fr. = Pilgerstab), die Paradeiser eine Schlange, nämlich jene verhängnissvolle des Paradieses, die Muck, die Moschkon, die Grafen Mosconi in Italien, die Französchen Mouchard, die Englischen Muscamp, alle fünf führen Fliegen als Namensbild, ebenso führen sowohl die Sächsischen Schröter als die Tiroler Teufel einen Schröterkäfer, sowohl die Frankfurter Frosch als die Riling des Siebmacherschen Supplements einen Frosch (Röling), dagegen die Schwäbischhaller Röhling einen Pfifferling (Röling). Der Bär gab hunderte von Namenwappen, wovon dem Geübten viele wie Persitz, Pirchinger, Barneken, Bircklin, Petz und Betz, Orsini, Fitz-Urse auf den ersten Blick deutlich sprechen werden; bei Zeidler dürfte er gehört haben, dass die Waldbienenzüchter (Zeidlerarii seu mellificae, im Nürnbergischen von Kaiser und Reich mit diesem Rechte belehnt) in manchen Gegenden so genannt werden, dann ists so leicht wie mit dem Ei des Columbus; bei Mac Mahon aber muss er durchaus wissen, dass Bär auf Irländisch Mahon heisst, errathen kann er das nicht. Ausser den vielen Geschlechtern mit Wolf und Wulf im Namen führen ihn auch die Lupin, deren einer unter den Schwäbischen Minnesängern vorkommt, die Englischen Lupus Grafen von Chester, die Borke (slavisch bork = Wolf) die ausgestorbenen Krainer Hungersbach (an Egkh gekommen), die Elsasser Hungerstein und die Ongerstein, bei welch letzteren die Anspielung schon etwas versteckt ist, und die Kärntner Ungnad. Kann man die Gnadenlosigkeit wappenbildlich besser ausdrücken als durch den grimmen Wolf, der nirgends Gnade findet? Dies wird Menestrier als einem Franzosen entgangen sein, er glaubt an jene Geschichte, dass die Ungnad erst 1237 bei der Erstürmung von Schachtenstein den Namen erhielten, da ein Bambergscher Ritter dieses Stammes dem Räuber Turpin „ohn Gnad" ans Leben gieng; allein Otto Ungnad, der Schenk von Bamberg, hiess schon 1236 so, wie alle seine Vorfahren und Nachkommen urkundlich von 1168—1646, erst bei der Grafenstandserhebung zu Lebzeiten Menestriers bekamen sie vom Wappen den Namen Weissenwolf; dass sie ursprünglich so hiessen, hat er wohl nur „deviné", denn selbst die Sage weiss, bloss von Erwerbung des Namens Ungnad, vom früheren schweigt sie. — Nach von Franzenshuld führten die Wiener Kuntstockh 1458—1488 eine hölzerne Form zur Anfertigung der Pferdekummete; dies Geräth heisst wohl noch heut so, nur nennt man häufiger Kummetstock das hölzerne oder eiserne Gerippe, Gestell des Kummets. — Die Belmont (Zürcher Rolle) aus Graubündten, wo man romanisch spricht, führen einen Steigbaum, bel mont, etwa munter steigen. Bei der Sturmleiter der Donop zweifeln unsere niederdeutschen Leser wohl nicht am Do nop! Auch die Kugeln des Anacharsis Cloots (vom Pariser Nationalconvent) kennen nur seine engern Landsleute unter dem Namen Klotz. Die Eule der Aufenstein (Zürcher Rolle) ist dem Alpländer ein Auf, der Habicht bei Sprinzenstein ein Sprinz, ihr Feld mit den Igeln spricht gar italienisch, riccio heisst Igel: Ricci war ihr früherer Name. Zum Englischen, keineswegs Normannischen Namen Harrisson ist das Wappenbild ein Igel (französisch hérisson), ebenso zu Herriz; dagegen führen die Grafen Igelström in ihrem Strome Blutegel. Die Tiroler Ingram führen drei Ingrienblätter, ausser Tirol Klee genannt. Die Wiener Taschendorf führten im 15. Jahrhundert Schoten (in Süddeutschland Tasche = Fruchthülse). Die Keutschach in Kärnten führten unbestritten als Namenwappen einen Eicher, landschaftlich Aichkatz, aber auch so ist dies Wortspiel das Gegentheil von bewunderungswerth. Die Hirsepflanzen der Preinberger in Kärnten, wo man die gekochte Hirse Prein nennt, bleiben anderwärts unverstanden. Grössing ist nicht einmal in allen Thälern Kärntens der Name für Fichtenbaum und doch hat er mindestens zwei verschiedenen Geschlechtern Grössing die Figur in den Schild geliefert. Im Eichelzweig der Khevenhüller, welche in Einem Verzeichnisse von 1446 Keferfüller geschrieben stehen, vermuthet der Kärntner Keferfüll, Kerbel; König Sigmund nennt die Wappenpflanze zwar schon vor 1433 Eichenzweig, allein er beruft sich auf eine Verleihung Wenzels, diese befand sich zufolge behördlicher Auskunft aus Prag nicht mehr unter den dortigen Urkunden, stünde aber auch in König Wenzels Brief Eichelzweig, so würde dies erst noch nicht die Wahrscheinlichkeit ausschliessen, dass die Figur schon früher geführt wurde und ursprünglich ein Anthriscus vulgaris war, aus welchem einen Eichelzweig zu verzeichnen nicht einmal ein besondere Begabung in diesem Stücke erfordert — oder was hat es sonst mit diesem Zweig für eine Bewandtniss? Auch in der Westländischen Heraldik werden manche Bilder mittelst der Mundarten erklärt, Bannes de Cabiac führen einen Hirsch (in der langue d'oc heisst bannes Geweih), Reilhane ein Pflugeisen (provencalisch relha), die altenglischen Bouzon Vogelpfeile (normännisch boson), während eine andere Art Pfeile wegen ihrer musterrechten Länge standard genannt im Wappen der Standart vorkommt. — Der Name Bonanno bezeugt so stark die italienische Herkunft, dass der Sprachkenner ihr Füllhorn mit den Waizenähren ohne weiteres mit gut Jahr auslegen wird, ähnlich verhält es sich mit dem Ziegenhahn der Schlesier Kokorsch (polnisch kokorykac = krähen); bei den heroldfigürlichen Rauten der Pommern Schwerin und Schwarin (wendisch czwerin = Raute) und jener der Carow (französisch carreau = Viereck), sowie beim Ochsen der Kärntner Wuelross (slavisch volvo rósh = Ochsengestrüpp) liegt aber die Sache weniger nahe, besonders wenn bei letzteren die Siegelumschrift Wuldres oder Wudris steht. So ist auch der Krebs nicht bloss bei den Schnellen, Cancrin, Krift, Krabler redend, sondern auch bei Raicken, die Krebsscheeren auf dem Helme bei Recke (polnisch rak = Krebs). Nach Graf Uetterodt sind auch die Sittiche der Berlepsch, die doch weit über 600 Jahre meist in rein Deutschen Landen hausen, slavisch redend. Die Wrede sind noch nicht so lange da, und doch wer denkt bei ihrem Rosenkranz an das schwedische Wort vrida, winden! Die Freiherrn Gemmel führen lateinische Zwillinge. Noch minder vernehmlich reden die drei goldenen Deckelbecher nebeneinander der Grafen Buttler — aus Wallensteins Tod —, der Ahnherr Theobald Hervey bekleidete nämlich das Amt des Oberschenken, botelier beim Könige Wilhelm dem Eroberer. Vere die früheren Grafen von Oxford hatten eine lateinische Wildsau, verres; die Franzosen Mutel lateinische Wiesel, mustela, von den Franzosen Mūtela ausgesprochen. Die Freiherrn Rumel führen gar Romulus und Remus an der Wölfin, die Crato einen Arm mit Eselskinnbacken zum Erschlagen der Philister ($\varkappa\varrho\acute{\alpha}\tau o\varsigma$ = Stärke).

Die kirchliche Symbolik und was sonst mit Religion im Zusammenhange steht, gab eine Menge Namenwappen. Gottschlig führen ein Aug Gottes*), Ieslein, Siebmacher V, 265,

---

*) Diese im vorigen Jahrhunderte geadelte Familie hat sich bei Versinnbildlichung Gottes an ein Muster aus guter Zeit gehalten: das frühere Mittelalter stellte Gott nur so oder durch zwei Finger aus den Wolken vor, bis die zunehmende Verflachung den Höchsten jupiterartig aufzufassen erlaubte.

einen Jesus, und zwar in einer Darstellung, welche kaum den Beifall des Mittelalters gefunden haben würde, dagegen Christ Siebmacher V, 104, das Lamm mit der Siegesfahne, wie auch Ostertag, die Schwäbischen Lemblein und die Steierischen Lämpel, Pascal und Paschal in Frankreich, Pascall in England und Evans in Wales, dieser als Anspielung auf Johannes den Täufer, (Wallisisch Evan = Johann, Slavisch heisst Ivan). Ein Englischer Johann Eagleshead (= Adlerkopf) siegelte mit einem solchen, die Umschrift lautet Hoc aquilae caput est, signumque figura Johannis; hier ist also der Evangelist gemeint. Die Oesterreicher Marx führten den geflügelten Löwen, die ausgestorbenen Zürcher St. Peter Himmelschlüssel, die Abtei Pertershausen Schlüssel und Fisch, auch letzteren mit Bezug auf den Apostel; die Engländer Paulett Schwerter wegen St. Paul; Michael den Erzengel im Siege über den Höllendrachen; Jörger, Georg, Georgenthal, St. Georges den heiligen Ritter Georg mit und ohne den Drachen*); Anthonny ein Antoniuskreuz; Andrä und die Englischen Anderson ein heroldsfigürliches Andreaskreuz, die Spanier Sanandres den St. Andreas sein Kreuz vor sich haltend; die Zahl der gemeinen und sonstigen Kreuze zu Namen mit Kreutz, Creutz, Croix und Saint, Cross und sogar Crowch, Croce, Kruz, Krzyz etc. wird sich wohl kaum mit zwei Ziffern ausdrücken lassen. Auch mit Kirch giebt es viele, selbt Capell ist vertreten, Einsiedler, Mönche, schwarze, weisse und graue sehr häufig, Pfaffen fehlen nicht, Bapst von Bolsenheim führen das Brustbild, Bapst von Staffelfelden die Krone des Papstes, von Seraphin und de Angeli, die Französischen Langelerie etc. Engel, Litzelhofen einen solchen mit Anker (hoffen). Beim Anker mit und ohne Tauende oder Zopf, wie die Zopfheraldik es nannte, werden wohl die Mehrzahl der alten Geschlechter, welche ihn als Namenswappen führen, mehr an die christliche Hoffnung als an den Seehandel gedacht haben. Die Stauffen, deren einer bei Sempach fiel, und die Elsasser Staufenberg führen ihre Staufen mit den

---

*) Ausser dem Patron der Ritterschaft gibt es noch mehrere kriegerische Schutzheilige, Martin, Quirinus, Valentin, Sigmund, König St. Louis, der Tribun St. Victor, die Centurionen Cassius, Florian, Gereon, ferner Gangolph, Adrian, Faustinus, Alexander und Vitalis. Einer und der andere davon kommen in redenden Wappen vor, z. B. St. Martin zu Ross bei den Baiern Martin.

Vellum, also den Opferkelch. Die Wiener Familie Graner führte 1411 fünf Granen, d. i. Paternosterkugeln; das Geschlecht von Krusemark hat die crusenna, ewige Lampe, es ist ursprünglich Ortsname, wohl Mark, die zu einem Lichthäuschen gestiftet war. Adam mit Apfel und Schlange ist die Figur der von Adam, Siebmacher V, 238, ein Opferaltar jene der von Abel, V, 369, ihr Helmschmuck Abel betend. Die Stadt Kaub führt als schwache Namensanspielung eine Kufe, um welche ein nacktes Knäblein läuft, nach der Legende des heiligen Nicolaus. Die Taube der Geist von Wildeck, Siebmacher III, 110 und die zu Chateilmerveil, das Wappenbild des St. Gral oder sang real, und vermutblich noch andere mittelalterliche Tauben sind Zeichen des heiligen Geistes. Den Bösen sieht man wohl nur bei Hell, Siebmacher V, 355, nämlich als Bewohner der Hölle, eines goldenen hochaufflammenden Feuerkorbs auf dem Helme, schwarz entgegenhervorschauend; man vermied es, den Satan zu malen und hiess ein Geschlecht Teufel, so half es sich zu einem Namenwappen, wie obige Tiroler, oder wie die Oesterreichischen Teufel von Guntersdorf („ein schwarz wild Ross") oder äussersten Falls wie die Bairischen Teuffel von Birkensee mit dem flammensprühenden Teufelsvieh, dem Pantel; die Tüfel der Zürcher Rolle 308 deuten nur durch Schwarzrund den Höllenpfuhl an. Die Thüringer Herda führen die Göttinn oder vielmehr „Valendinne" Hertha, einen ähnlichen Teufelsrumpf vom Brocken die Thüringer Prockendorf, und als Zimier die Balshofen, Siebmacher II., 92, einen Drudenfuss, Cerevisspielern wohlbekannt, die Trutt von Eberstein, einen Bock (Hexengemahl) die Trutberg, Zürcher Rolle 469. Juden, Türken und Heiden oder doch ihre Kopfbedeckungen finden sich in Wappen fast so oft als dergleichen adeliche Namen. Das Kleinod der Oberkärntner Chäczer besteht nach einem Siegel von 1324 aus zwei Armen, die Hände im Gebet vereint, wohl als Verwahrung gegen Ketzerei. Im Schilde der Rotenburger Zweiffel schwebt ein geharnischtes Ungeheuer. — Wie der priesterliche und andere ausgezeichnete Stände, so gab besonders auch das Richteramt, welches, nur von Freien verwaltet, in alten Zeiten mehr galt als jetzt, redende Bilder, mehrere Geschlechter Namens Richter, Schultheiss, Scholz, Prätorius nahmen Zeichen davon, die älteren gewöhnlich einen Stab, die Rheinländer Rolandt, Siebmacher I, 128, eine Rolandsäule. — Von Heroldstücken als

Namenwappen können noch viele beigefügt werden. Der silberne Balken von Oesterreich ist nach alter Schreibung stets der weisse Strich von Oestrich. Die Thüringer Sparr, die Schwedischen Sparre*) sowie noch manche Skandinavier mit Sparre und die Engländer Cheveron führen den Sparren, die Engländer Barr und die eine der vielen Familien Barry einen schmalen Balken (Englisch bar), andere mehrmalige Theilung (barry), noch andere Strichbalken (barulets), die Delves Vierecke mitten im Schilde, ein englisches Heroldstück zweiter Ordnung, delve = Grube, der Herzog von Giron in Spanien die Ständerung, die Französischen Barres du Hetray zwei hintere Schrägbalken (franz. barre), die Fuzellier Spindeln (fuseau) etc. — Auch das schweigsame Schach gab viel redende Wappen, so der Stadt Zavelstein in Schwaben ein Schachzabelbrett von 6 mal 6 Weiss und Roth, den Strassburgern Schach die obere Theilhälfte von Roth und Gold geschacht, besonders der Roch z. B. dem wahnschaffenen Königreiche Marzach oder Marocco, in Wahrheit denen von Rochow, der Stadt Rochlitz (die beiden Spalthälften der Schachfigur beseiten den Stadtthurm), den baierischen Loch, den pommerschen von Bröcker, den hannoverschen von Schack, oberhalb als Lilie gebildet, den bei Duellius zu 1331 angeführten

---

*) Dieser Name sowie Oxenstierna wäre dem gelehrten Salverte zufolge erst dem Wappen entnommen. Auch Masch glaubt, dass einige Namen so entstanden sind, und das Gleiche liest man bei vielen älteren Wappenlehrern. Die Erörterung ist meist schwierig, denn aus Zeiten, da die Geschlechtsnamen schwankten, sind zwar schriftliche Geschichtsquellen genug aber wenig ausführliche Mittheilung über dergleichen Dinge auf uns gekommen. Unwahrscheinlich klingt die Sache nicht. Viele der Namen, mit denen man jetzt Dynastengeschlechter vom Jahre 1200 belegt, z. B. Eppenstein, Meran, Sponheim-Lavanthal, sind conventionell: in Urkunden solcher Herrn nennen sie sich gewöhnlich nach derjenigen ihrer Hauptburgen, wo sie eben weilen, so heisst Graf Wilhelm 1202—1239 bald de Huineburch, bald de Los, bald de Malentein, und wenn er im Gefolg des Kaisers oder Herzogs erscheint, hat er erst nicht immer den gleichen Namen, geschweige denn die Brüder und Söhne; sein Siegel aber ist stets das nämliche. In Fällen dieser Art lag es wohl nahe, den Hochfreien und den Dienstherrn nach einer dazu geeigneten Wappenfigur zu nennen, z B. alle Montfortschen Linien Grafen von den Fahne. In den letzten 400 Jahren ist es unaufzählbarmal geschehen, dass Beinamen nach dem Wappen gebildet und dann mit Hinweglassung des ursprünglichen zum eigentlichen Geschlechtsnamen wurden. Die Plantagenet bekamen diesen Namen von einer Helmzier, dem Ginsterzweige (genista), aus vorheraldischer Zeit.

Schaher nach einem Siegel, den Strassburgern Schanlitt, den Baselern Schaler, letzteren auf den Helm, bei diesen vier klingt der Name zwar nicht an Roch, wohl aber an Schachfigur, den von Vogt (in ihrer schachkundigen halberstädtischen Heimath wie im übrigen Deutschland hiess der Roch so), den Schwaben Fronhofer (Insass des Frohnhofs, also Vogt; zwar ists nicht der beim Schach eigentlich gemeinte Landvogt, doch das Wortspiel genügte auch so), den Fränkischen Stürmer*), den Kent'schen Rook, den Norfolk'schen Rookwood, den übrigen Englischen Rockwood, Rokewood, Rokele, Rockliffe, Roke, Rocke, Rocold, den böhmischen Smohar von Rochov, den polnischen Roch, wo er nach neuer Manier als Thurm dargestellt ist, was nicht irr machen darf, so wenig als die älteren Verzeichnungen mit Pferde- oder Schlangenköpfen, den la Roque in Bigorre, ihren Stammverwandten la Roche de Fontenilles, den französischen Roquerole, dem Dienstmannengeschlechte Montfort zu Wallenstadt (Zürcher Rolle) und den Lothringern Forcey sinnbildlich (fort $=$ stark), wohl auch den Montfort im nordwestlichen Frankreich, diese führten im 14. Jahrhunderte d'argent à un fer de moulin de guelles à testes de serpent d'or à chacune cornière du fer de moulin; dreihundert Jahr später aber diese Figur in der Dreizahl ohne Schlangenköpfe als chaises à l'antique blasonirt. — Die drei Hermelinrochen der Altenglischen Simon mögen wohl ursprünglich Doppelberge sein, 3×2 $=$ six monts, denn derlei Zahlenspiele sind auch nicht selten. „Monsire de Vipoint porte d'or, a VI annulettes gules" heist es in einer Englischen Wappenrolle von ungefähr 1350, also Vi points $=$ 6 Stücke**).

---

*) Stürmisch ist der Angriff des Rochs. „Der heldengemuthe Ruch stürzt sich in allen vier Richtungen kampfbegierig in den Streit: wehe dem Feinde, der seinen Weg durchstreift" sagt Firdusi. Bei den alten Indiern als Elephant, bei den Persern als Streitwagen, bei seefahrenden Völkern als Schiff, bei uns als waffenbewährter Landvogt dargestellt, überall ists die Kraftfigur, damals weit stärker als die einst beschränkten Ganges wandelnde Königin, eigentlich fers $=$ Vezier, aus welchem schon früh die minder philologischen Franzosen eine vierge und Dame gemacht haben sollen.

**) The Viponts (Veteriponte) may have either preserved the ancient ornaments of some ancestor's shield, or assumed the six round spots in conformity with one of the fashions of this period, symbolizing their name by VI points, sagt Planché der treffliche Persevant rouge croix von England, den Gedankengang von Beibehaltung des Ahnenschildes leider nicht weiter verfolgend.

Treuer führen eine 3, womit auch die Tugend der Treue im Mittelalter nicht selten vorgestellt wird, Vierbaum eine 4 auf dem Baum. Die Tausend und Millini führen das Lateinische Zahlzeichen M. — Als Siglen führen das M, in ihrem Sinne ebenfalls redend, die Mellin und Meyer, Siebm. IV, 131, die Franzosen Mascon, die Spanier Santa Maria, die Polen Masalski, die Städte Miltenberg und Münsterberg. Unsern aufgeweckten aber nicht schriftgelehrten Vorältern imponirten solche Schriftzeichen weit mehr als uns, die R, S und W sind die häufigsten, unter anderen führen solche die Schweizer Reding, die Kärntner Sachs und die Schwaben Wehinger, alle drei Geschlechter älter als die Heraldik. Auch die Grafen Wittelsbach, die alten Tiroler Villanders und die Schwaben Ulm setzten ein W in ihren Schild, nämlich einen fünfmalgebrochenen Silberbalken, bei Murach scheint mit eben der Figur ein M gemeint. Bei Wehingen ist der Balken nur dreimal gebrochen, also leichter für W zu erkennen. Bei Weltzer und Wewart in Kärnten sind die Anfangsbuchstaben durch Treubund dargestellt, ein Manns- und ein weiblicher Arm, der erste geharnischt, der andere geschmückt in gewechselten Tincturen des Spaltschildes, beide stark niedergebogen. Ebenso ist das W der Weger von 1450 gebildet, noch mit einer Wage in den Händen. Das Doppel R der Augsburger Langenmantel von R ist ursprünglich das Monogramm des Ahnherrn Rüdiger, Anfangs- und Endbuchstaben zusammenfassend, zugleich Hausmarke. Das „Jam" auf dem Balken der Nürnberger Haimb ist, abgesehen von etwaiger Bedeutung als Wahlspruch, ein Namensanklang. Das silberne & in Roth der Englischen And (= und) dürfte minder alt sein. — Manche redende Wappen stammeln nur, so Berchem mit ihrer Burg, Maenhaupt mit Mohnköpfen, Churfiezer (St. Christoph - Bruderschaftsbuch) mit goldenem Kürbis in roth, die Elsasser Wegisheim mit roth und weiss gewecktem Schild, die Schweizer Yllbrunn mit Lampen (Oehlbrennern), die Franken Vasant mit einer Fassleiter im Schild, aber einem Fasan auf dem Helm, die Eynatten mit ihren Stummelenten, übrigens landschaftlich Einten. Die Freiherrn von Ende führen bei Stumpf und Tschudi als Kleinod den Fuchs, eine Ente raubend, in Siegeln von 1306 schon Wilhelm dictus de End; in der noch ältern Zürcher Rolle steht ein ganz anderes Zimier, dies Wappen wurde also erst redend gemacht. Aehnlich geschah es bei Lönberg aus der Burg oberhalb Intzwyl bei

St. Gallen; deren Wappensiegel von 1320 zwei Löwen übereinander zeigen, während in der Zürcher Rolle nichts derartiges an ihrem Wappen zu sehen ist. Da man in beiden Fällen frei geschaltet zu haben scheint, so hätte wohl eine stärkere Namensanspielung ersonnen werden können, allein in dieser Richtung hatte das Mittelalter nicht so viel voraus als in der geschmackvollen Darstellung: es wird just so gegangen sein wie jetzt, so dass der Findige ein gelungenes, der Gedankenschmächtige ein povres Namenwappen zuweg brachte. Den blauen Leuen von Lüneburg kann man nicht zu letzteren rechnen, da es noch bei Suchenwirt und seinen Zeitgenossen Leuenburg heisst. Manche Englische sind auffallend schwach z. B. jenes der uradlichen Pelham, ein Pelican im Schilde und ein peacock (= Pfau) auf dem Helm. Da ist noch das der ebenfalls uradlichen Pawn (von paon) besser. Die Franzosen Coligny hatten eine Säule colonne, die Mailänder Visconti eine Kindschlange, biscia, die altenglischen Malebis drei Schlangenköpfe, die Herzöge von Bar zwei Arme (bras), im Schrägbalken von Lothringen, Lorraine sind alérions, Adlerchen. — Hat der Name sich gewandelt, so hört das Wappen oft ganz zu reden auf. Bei den Wimpffen muss man erst erfahren, dass sie Heermann zu Wimpffen heissen und dass Heermann = Widder war. Der Schild der Grafen Kalnein in Ostpreussen, blau: auf grünem Boden ein Palmbaum, an welchem zwei natürliche Leoparden aufspringen, war deutlich redend, so lang sie Katzenblauer hiessen, ebenso verhält es sich bei den Tirolern Grafen Brandis, frühr Leonstein. Die Hasenköpfe der Hasenkopp schweigen im Malzanschen Wappen, ähnlich die Barten der Bartonau, nachher Stetten in Franken, die Schweine der Porcachio, von 1300 an Formentini in Görz, die Hechte der Lucii, nachher Mancini, auch die Lilien der du Lys, seit sie Vignacourt heissen. Die Sterne der Grafen Sarnthein, früher Wagner erräth jetzt niemand als das Sternbild des Wagens, was bei den Wagnern von Solothurn minder schwer ist. Die drei altenglischen Doppelschläuche, waterbudgets, der Trusbut sollen redend gewesen sein (altfranzösisch très boutz), der kritische Montagu*) hält es sogar für nicht unwahrscheinlich, dass der Name von den Bildern entlehnt sei, allein sie kamen mit Erbtochter und Gütern an die Roos, und jetzt

---

*) A guide to the study of heraldry, London 1840, auf Seite 70.

nennt man dieselben die Roos'chen Figuren. Beispiele, dass redende
Wappen ohne den Namen dazu an die Kinder einer Erbin kamen
giebt es in deutschen Landen viele hundert. Oft behielt von
mehreren Linien eines Hauses nur die Eine das redende Wappen,
z. B. nur die Hürnheim zu Hürnheim das „Hirsgehürn", während
nach Ludwig Müller in Nördlingen die Hürnheim zum Rauhen-
haus eine Gans, die von Hohaltingen zwei Kesselhaken
(Hacheln, wieder redend), die zum Hohenhaus drei solche
Hacheln, die zum Katzenstein Meerkatzen nahmen. Weit häufiger
tritt der umgekehrte Fall, aber mit der gleichen verstummenden
Folge ein, dass von mehreren Linien nur die Eine den Namen,
aber alle das an ihn anspielende Wappen behielten. — Gab ein
Lehnsherr Theile oder Tincturen seines redenden Wappens an
Vasallen anderen Namens, was tausendmale geschah, so hörte
das Reden auf. Schon vor der Zeit erblicher Wappen trugen
die Dienstmannen eine Devise, Livrei, badge, irgend ein Er-
kennungszeichen, und gleich zu Anfang der Heraldik sind
Figuren und Farben hierzu genommen worden, wie wir aus
Percival ersehen *). Laut kräht der rothgekammte schwarze
Hahn von grünem Dreiberge den Namen seines Grafen von
Henneberg; vertheilt ist er ins Wappen ihrer Ministerialen Keher
in Franken übergegangen, ein rothabgeschnittenes Bein farbege-
wechselt in den weiss und schwarz getheilten Schild, der
Schnabel an die schwarzgekleidete Helmpuppe, die statt der
Arme seine Flügel trägt, beide je den Schild wiederholend;
sinnreich aber schweigsam ausser für den Wissenden, welcher
die Keher z. B. aus Siebmacher I, 102 und II, 72 als Truch-

---

*) Standeserhöhung, also auch Adelserhebung, seit Kaiser Karl IV die-
selbe in Deutschland eingeführt — die erste Französische Nobilitirung soll
schon 1271 erfolgt sein — gehörte zu den Reservatrechten des Reichsober-
haupts, ausschliesslich von ihm selbt und seinen Bevollmächtigten ausgeübt,
so weit seine Macht reichte; Wappen und Wappenvermehrung aber ertheilten
alle grössern und viele kleine Lehnsherrn. Das Entsprechende gilt für
England, Schottland, Frankreich, Navarra etc. Das viele Roth und Weiss in
Fränkischen, das Schwarz und Gold in den ältesten Wappen Sächsischer Vasallen
wird häufig dem Schild der Lehnsherrn entnommen sein. Die Uracher
Ministerialenwappen Bichishausen (Truchsessen) Magolsheim und Ringingen, be-
nasringter Urkopf, deuten nicht auf ihre Namen, ausser etwa Ringingen
mittelst des Nasrings, sondern auf den Namen des Dienstherrn, welcher aber
ein ganz anderes, nicht redendes Wappen führte.

sesse von Henneberg kennt. — Die westländische Heraldik erwähnt mehr als die unsere redende Wappen von Lehensgütern, welche den ersten Besitzern zugleich den Namen gaben; bei Veräusserung an einen Fremden bekam auch dieser das Wappen aber nicht immer den Namen, wenn derselbe nämlich mindere Geltung hatte als sein alter. Vereinigte er den redenden Schild mit dem alten durch Zusammenschiebung oder Vierung, so lässt sichs noch ermitteln; ward aber die redende Figur bloss dem alten Schilde aufgelegt oder auf den Helm gesetzt — einst das Gewöhnlichere — so wars zu Ende mit dem Reden. — Dazu kommen noch die Verleihungen von Namenwappen erloschener Familien an andere. Die drei Sterne der Kärntner Grafen Sternberg kamen durch Erbschaft an die Cillyer, nachher durch Kaiser Friedrich III. 1459 an seinen Feldhauptmann Jan Witowetz, Ban in windischen Landen, damals zugleich mit der Herrschaft Sternberg; aber es war schon gang und gäbe, Wappen erloschener Geschlechter auch ohne Güter als „dem Reich anheim gefallen" weiter zu vergeben, selbst solche die ursprünglich gar nicht vom Reiche verliehen worden. Davon spricht die Eberstorfsche Geschichte, welche Herr Moriz Maria von Weittenhiller neulich mittheilte: Markwart, vielleicht ein Thierstein aus Baiern vom Elsasser Grafengeschlecht baute 1115 die Feste Hindberg in Niederösterreich, jetzt Himberg, nannte sich davon und ward der Stammvater sowohl der Pillichdorfer als der Eberstorf. Sein Urenkel Konrad nannte sich bald Hindberg bald nach seinem Gute (jetzt Kaiser-Ebersdorf) Eberstorff, welcher Name nun dem Geschlechte blieb, und führte nach Siegeln von 1262—1269 „ein rot hinde in einem gulden Felde" und zwar schreitend auf grünem Berge, welcher etwas später als dreihügliger Schrägfuss erscheint, so dass die Hinde klettert. Bekanntlich hatten die Thierstein den gleichen Schild, ebenfalls redend, in der Zürcher Rolle, N. 505, ist der Stein, auf welchem das Thier steht, als freischwebender grüner Vierberg gebildet. Calhoch, Enkel Konrads, ward Erbkämmerer von Oesterreich. Dessen Sohn, Rudolf von Eberstorf führte 1307 ein Vierecksiegel, mit Hinweglassung seines nun nicht mehr redenden alten Wappens silbern: blauen Schrägbalken, darin drei silberne Adler, es sind drei von den fünf aus dem blauen Schild Altösterreichs, er legte also auf das Amt mehr Nachdruck als auf die angebliche Abstammung von den Thierstein. Anders sein Bruder Reimprecht, der führte auf dem Helme den niedern ritterlichen Hut und darauf einen grossen Ballen wie damals die Grafen Thierstein, denn eines ihrer Grabmäler von 1318 zeigt dieses Kleinod und nicht mehr das ältere der Zürcherrolle, welches in einer Puppe, Hirschgewichte statt der Arme, bestand. Dem geschichtlich gestimmten Reimprecht vermachte dann Herr Hans von Haslau, der letzte jenes ruhmreichen Stammes, aus dem in die Marchfeldschlacht der hundertjährige Haslauer Oesterreichs Banner vorgetragen hat, das Gut Haslau u. s. w., das Wappen gieng selbstverständlich mit dem Hantgemal, so nämlich mochte Reimprecht meinen, aber es kam anders: den Schild von Schwarz und Gold „in fazz gelegen", wie fasce, also getheilt, dazu den Helm mit Flug ebenso bekam nicht Reimprecht von Eberstorf sondern Martin der Streitgreun „zu Lehen". Erst lang nachdem dieser Martin todt und begraben war, meldete sich Reimprechts Enkel, Hans III. der Eberstorffer wieder und erhielt nun 1399 vom Oesterreichischen Herzoge Albrecht IV. und nochmals 1401 vom Herzog Wilhelm das Haslauer Wappen. Seine Söhne Hans IV. und Albrecht siegeln aber 1400 und 1402 weder mit dem Hintbergschen noch mit dem Haslauer noch mit dem Rudolfschen Ministerialwappen, sondern mit dem vornehmern der Meissau, vermuthlich mutterhalb. 1435, vier Jahr ehe Herr Ott der letzte von Meissau zu sterben kam, bat dieser, Marschall und Schenk von Oesterreich, den Herzog, sein Wappen, das er zu Lehen hat, eine damals gangbare, auch ganz in das Lehnwesen passende, aber irrige Anschauung, und welches er Hans dem V., Sohn Hans des IV. von Eberstorf vermacht hat, demselben zu bestätigen, er beschreibt es golden: schwarzes Einhorn; Zimier Gänsenest mit Federbusch, daraus hervorsehend drei Gänse. Das kunstlose Nest der (in der Heraldick stets wilden) Gans ist wie ein niedrer Federkorb oder noch ähnlicher einem Helmwulst dargestellt, die Gänseköpfe scheinen eine Verschönerung durch Herrn Ott oder seinen Vater höchstens Grossvater, denn 1344 kommen sie noch nicht vor. Den Eberstorffern gehörte nun von Rechts wegen der schon vorher geführte Meissauer Schild, zum Kleinod aber nahmen sie statt des Ottschen die halbe Schildfigur und krönten sie hier wie auch die ganze unten, ebenso den Helm, wie aus Siegeln von 1451 —1499 hervorgeht. Erst 1503 sieht man, im Siegel des Benesch oder Benedict, Hindberg und Meissau geviert, mit zwei Helmen, auf dem ersten das alte Thiersteinkleinod der Zürcher Rolle aber weiblich, die zehn Enden vierblattbesteckt, auf dem andern das oberhalbe Ayngehürn, alle Thiere, Helme und Rumpf gekrönt, macht acht Kronen. Seine drei Söhne, Benedict, Sigmund und Rainprecht wurden, nachdem inzwischen die alten Grafen von Thierstein ausgestorben, von König Ferdinand I. zu Grafen von Thierstein erhöht mit dem gevierten Schild ihres Vaters, seinen Zimieren und dem Helmhut, nun hoch und gestülpt, mit dem Ballen, also Luxus an Helmen, aber nicht an Kronen, deren haben sie nicht Eine behalten. Dess genossen sie nicht lang, das Geschlecht erlosch bald nach 1550. — Wenn man so willkührlich verfügte, was Wunder, dass Wappen auch durch Kauf von einem zum andern übergingen, abgesehen von jenem Brackenrumpf 1317, welcher nutzbare Rechte vorgestellt zu haben scheint*). Johann Tragauner verkaufte 1368 sein Wappen, Schild und Helm sammt Siegel an den Ritter Pilgram Wolfstaller in Steiermark**). Erchinger Relch, er für alle seine Erben (es ist nicht gesagt Kinder, Erchinger wird wohl der letzte Relch gewesen sein) überlässt 1364 seinen rothen Mondschein im Silberschild, von welchem Hermann Relch zu Stopfenheim schon 1359 ausdrücklich und eidlich bezeugt, dass dies sein Wappen sei, dem Ritter Georg von Wellenwart, und die Wöllwarth führen ihn seitdem wirklich statt ihres früheren Drachenrumpfes auf Schild und Helm. Laut Urkundenabschrift im amtlichen Copialbuche König Ruprechts auf dem Wiener Haus- Hof- und Staatsarchiv gestattet dieser Fürst, Nürnberg 18. Januar

---

*) In der Zürcher Rolle führt ihn der Burggraf schon, und Regensberg N. 146 führen ihn nicht mehr: dieses Wappen ist eines von den beiden, welche im Widerspruch mit allem andern auf die Entstehung der Rolle erst nach 1317, statt 1282—1290 deuten. Es käme zu ermitteln, ob im 13. Jahrhunderte die Burggrafen den Brackenkopf niemals, und die Regensberger ihn immer führten, was für oder wieder entscheidend wäre.

**) Doch führten seine Nachkommen den alten Wolfsrumpf fort bis zu ihrem Aussterben, wo er an Windischgrätz kam. . In diesem Falle ist nicht ersichtlich, dass eine höhere Behörde von diesem Schacher Kenntniss nahm.

1404, „seinem getreuen lieben" Johann Schultheiss, in goldenem Schilde und auf dem Helm den oberhalben schwarzen Widder, Klauen und linkes Ohr weiss, zu führen, welches Wappen er 1394 dem Hermann von Wernczrüt abgekauft, „iusto empcionis titulo" heissts im mittellateinischen Text. Auch die Schultheiss führten dies Wappen seitdem ausschliesslich*) siehe Siebmacher V, 180. Derartige Erwerbungen durch Kauf können nicht ganz selten gewesen sein, da die Wappenlehrer des vorigen Jahrhunderts, welche sich nicht allzugern mit Quellenforschung zu befassen pflegten, welchen daher obige Beispiele wohl verborgen geblieben sein mögen, davon als von einer bekannten Sache sprechen: auch so mag ein und das andere frühr redende Wappen zu reden aufgehört haben. — Aus allem geht die überwiegend grosse Zahl der Namenwappen hervor. „Es ist kaum möglich", sagt Planché, „einen alten Schild zu finden, welcher nicht ursprünglich redend oder anspielend gewesen wäre, das heisst auf den Namen, Besitz oder Beruf (profession) des Trägers anspielend, natürlich mit Ausnahme jener blos Herolds-

---

*) Aus welchem Grunde Wöllwarth und Schultheiss ihre früheren Wappen nicht mehr gefielen, darüber schweigt die Geschichte. Es bleibt wenig anderes übrig als mit dem fürstlichen Forscher in Kupferzell anzunehmen, dass manches Wappen ein besonderes nutzbares Recht andeutete, also dann mit dem Rechte selbst verkauft und Ersteres für Letzteres metonymisch gebraucht wurde. Freiherr Heinrich von Ledebur sagt von den Figuren aus dem Thierreiche: „Hier liegt die Annahme einer Symbolik besonders nahe, da die Thierfabel mit ihren typischen Characteren dem Mittelalter sehr geläufig war; auch finden wir in den Attributen, welche die Heraldik den Thieren beilegt, oft einen entschiedenen Anklang an die Fabel. Wollte man nun auch bei dem Löwen Edelsinn und besondere Macht, bei dem Adler das erhabene Streben nach dem Höchsten etc. als erklärliche Motive für ritterlichen Schmuck ansehen, so kommt man doch bei weiterer Betrachtung der gewählten Thiergestalten auch mit der Deutung in Verlegenheit. — — Wie würde mit Hinblick auf die Thierfabel erklärlich sein, dass recht angesehene Familien sich selbst gewisse Hausthiere als Zeichen wählten, deren symbolische Bedeutung eine keineswegs schmeichelhafte war? Mit grösserer Wahrscheinlichkeit könnte man daher wohl annehmen, dass diese Bilder sich auf die Züchtung jener Thiere — — bezogen". Derartige Bedeutung hatte am Ende auch der Schafbock der Wernczrüt, vielleicht ausgedehntes Weiderecht, welches ganz wohl vom Reiche zu Lehen gegangen sein kann.

figuren enthaltenden, welche, wie ich schon vorbrachte, aus ornamentalen Schildbefestigungen entstanden sind, und selbst diese waren manchmal redend". Wenn der urkundliche Beweis vorliegt, dass ein Namenwappen ohne Rücksicht auf den Anklang zu Stande kam, also scheinbar zufällig, so wird selbst dann noch zu untersuchen kommen, ob der Wappenherr nicht unter mehreren Bildern, zwischen welchen er vermöge Besitz, Verwandtschaft und Lehnsverhältniss die Wahl hatte, gerade jenes aussuchte, welches auf seinen Namen deutet. — Unter die Wappen und Beizeichen, welche zu manchem ernstgestimmten Heraldiker nicht sogleich reden werden, gehören auch die mit scherzhaften Anspielungen z. B. Colleoni in Venedig; die Baiern Kropf, in der Schriftsprache heissts Blähhals, Siebmacher II, 61; die schlesischen Ungeraten, im Dreipass Dreschflegel, die österreichischen Ungerathen, im Schragen dieselben Bilder; die schlesischen Zyganer, Siebmacher I, 73, blau: im Göppel zusammengefasste gelbe Stricke, als den auszurottenden Zigeunern gebührend; die Freiherrn Unertl in Baiern, Siebmacher Supplement V, 25;, führen von Schwarz und Silber getheilt: auf grünem Dreiberg links rückwärts abgewendeter Ritter in voller Rüstung ausser dem Waffenrock, den rechten Arm mit Kommandostab und den rechten Fuss erhebend, so einen rothgehosten Theil den Blicken bietend, welchen es bürgerlich artiger wäre, nicht so sehr zu zeigen; ausserdem begeht dieser Kommandirende das heraldische Unärtl, links abzumarschiren: das Diminutiv giebt Hoffnung, dass er nicht noch geschmackloseres vorhat, obschon die Darstellung —! Wer Stärkstes nicht scheut, schlage das Wappen, — „ich tar sein nicht genennen" — Siebmacher I, 115, in der mittlern Querreihe das letzte, nach — schauderhaft! — Angesichts solch' unübersehbarer Mannigfaltigkeit bei den Namenwappen, leuchtet es ein, wie misslich die Erörterung etwa sonstiger Bedeutung der Figuren auf Schild und Helm ist: wer dies bei einem Geschlechte versuchen wollte, welches er nicht nach allen seinen Verhältnissen, geschichtlich, geographisch, genealogisch und sphragistisch genau kennt, zöge sich mitunter Ergötzliches zu. Es gienge z. B. ein zwischen Urkunden vergilbter Professor darauf aus, den geheimen Sinn zweier in die Höhe gereckter Arme zu entdecken, — dies Bild fordert ja fast hiezu auf, — er wäre nach Vergeudung von viel Zeit, Scharfsinn und Augenlicht, einer Last von Dinte und

Lampenöhl, nicht zu gedenken, mit Zuhülfenahme der sämmtlichen ihm zugänglichen Quellen und Grabsteine in den Ritterlanden zwischen Jona, Nowgorod, Guimaraens und Jerusalem zu befriedigendem Ergebniss gelangt, nicht ohne Erwähnung dessen, was gegebenen Falls Pythagoras dazu hätte denken können: so springt ein muntrer Knabe daher, der vielleicht sonst nicht viel, aber eben dieses weiss, und klärt ihn auf, bei Miner, Siebmacher V, 185 bedeutet es Minne, vom Umarmen, bei Marx, Siebmacher I, 196, welche einst Ezelmarx hiessen, siehe Zürcherrolle 388, ist der geheime Sinn: Esel merks!

Ausser den Namenwappen kommt noch eine Beirrung in die Quer, die Schildbefestigungen, und da ists übel errathen, was für Stücke dazu gehören; denn nach dem Gesetze, dass jede Figur ihr Feld möglichst ausfüllen und, wenn gelenkig oder nur beweglich, sich danach schmiegen und biegen muss*), konnte, fast jedes aus Gold, Silber oder Kupfer (roth) getriebene oder mit Metall unterlegte Bild dazu dienen, der heraldische Adler und der gesenkte Flug mit Vorzug, fast ebensogut Einhorn und Löwe etc., denen man ja, wie darauf berechnet, den Leib oft überdiemaassen schlank, den Kopf aber, der an den Hauptrand, die Gliederenden und den Schweif, welche in die Winkel des Dreieckschildes, also an die den Streichen ausgesetztesten Stellen zu stehen kamen, unnatürlich verstärkt bildete. Es soll nicht behauptet werden, dass auch nur Eine natürliche Figur in ausgesprochener derartiger Absicht auf den Schild genommen wurde, auch Planchés Meinung, wonach die meisten Heroldbilder diesen Ursprung haben, bleibe dahingestellt; allein den schottischen lilienbesetzten Inbord aus Frankreich zu holen, scheint noch weiter her. Schildbefestigungen gaben zuweilen Rebus, so das Glefenrad oder der Lilienhaspel von Cleve; nach sonstiger Bedeutung zu

---

*) Biegen oder brechen, so weit ist man öfters gegangen. Bekannt ist jener halbirte Fisch, Kopfstück rechts, Hintertheil links gestellt. Kürzlich hat Herr von Franzenshuld zu 1330 ein Siegel des Wiener Geschlechtes Schwertschlager, in lateinischer Fassung Gladiator mitgetheilt; im Dreieckschilde breites Schwert, Griff mit der Stärke der Klinge steilschräg, aber die Schwäche flachschräggestürzt: es ist, wenn man will, ein zerschlagenes Schwert, und die Figur redet dann ausdrucksvoll, doch wird die Schildausfüllung noch mehr ins Gewicht gefallen sein als das hiezu benutzte Wortspiel.

fragen, wäre bei Figuren dieser Gattung vergebens, es gehören dazu Schragen, Gitter, Schächer-, Tatzen-, Mühleisen- oder Anker-, Doppelschlangen-, Jerusalemkreuz, Wolfsangeln, manchmal Anker, Sonne, dann in Mehrzahl angebrachte Schindeln, Flammen, Tropfen, Kreuzchen, Lilien, Sterne, Runde, Wecken, für den Dreieckschild ein schmales Haupt und jeder Dreipass, für den ältesten Schild mit abgerundeten Oberecken jedes Kreuz, am besten das Jakobskreuz und das lilienendige Hochkreuz. Der Schild musste, jene Gattung ausgenommen, welche man auf den Brustharnisch schraubte, die nöthige Festigkeit mit dem geringstmöglichen Gewicht verbinden, um nicht auch den wohlgeübten Träger in wenigen Stunden bis zur Lähmung zu ermüden, also von zähem leichten Material, etwa einem Gestell von Lindenholz, mit Flechtwerk ausgefüllt, mit dicker Leinwand und hartem Leder überzogen, gemacht sein; wir sehen dies an den auf uns gekommenen Kampfschilden, deren es zwar mit Wappen blutwenig gibt, aber sonstige, wie die gemeinen Knechte sie trugen, mehr: sie sind in Anbetracht ihrer Grösse sehr leicht. Auch aus der Heldensage, welche besonders starken Recken schwere Schilde — dann mit grosser Uebertreibung des Gewichts — beilegt, scheint hervorzugehen, dass dies etwas ungewöhnliches war. Offenbar kam es auf einige Loth mehr oder weniger an: metallne Einfassung bot wohl den gründlichsten Widerstand, war aber zu schwer und wurde daher ausgezackt, woraus unter anderem das berühmte Nesselblatt von Holstein entstanden ist. Ebenso nahm man statt der Sterne gern Spornräder, statt der Runde Ringe, und auch die Rauten wurden bisweilen ausgebrochen. Der Buckel in der Mitte des Buckelaeres (davon bouclier) ward entweder ornamental verwerthet, wie beim Lilienhaspel, dem verwandten Bilde von Navarra, der Englischen gurge, dem Schlüsselbunde und vielen andern Dreipassfiguren oder überzogen und verdeckt.

Ausser den Rebus und den Befestigungen muss aber noch vielen andern Bildern jeder geheime Sinn abgesprochen werden. Als die Wappen erblich zu werden begannen, waren die Schilde auf mannigfache Art geschmückt: der ärmere Ritterbürtige, ob unabhängig, ob mit einer kleinen Burghut oder Meierei fern vom Hofe betraut, strich seinen Schild und Helm mit möglichst grell abstechenden Streifen von verschiedener Anordnung in den eben verfügbaren vollen Farben an oder nagelte Stücke von seiner abgelegten Wildschur aus Fehwämmleinkürsen oder Fuchs oder Wolf darauf, ein mehres als Theilungs- und Heroldbilder wird ein solcher selten erschwungen haben. Dem mächtigen Hochfreien und den bei ihm hausenden Burggrafen, Schenken, Kämmerern, überhaupt jedem reichen Rittersmann standen die Dienste der Schilderer zu Gebot, welche um so Prächtigeres zu Stand brachten, je „milder" der Herr und je begabter der Künstler war, bald eine bestellte Devise oder Emprese, bald etwas angenehm anspielendes, nur nicht auf den Geschlechtsnamen, da der noch schwankte; Rebus auf den Taufnamen werden aber wohl schon damals vorgekommen sein, da ja noch viel frühr Cäsar und Cicero dergleichen führten. Ein Stück Hermelin oder Zobel fand sich wohl im Schlosse -- sonst that's auch Katz und Bär. Häufig wird der Geschmack des Künstlers bei der Schilderei ebenso massgebend gewesen sein als der Wunsch des Wappenherrn, es ist ja noch heut, nach 700 Jahren, unter Umständen nicht anders. Wir lesen von Kaufschilden, die der Krämer fertig gleich mitbrachte. Wenn es vorkommen sollte, dass eine Wappengruppe aller Auflösung durch Stammverwandschaft oder Ministerialitätsverhältniss hartnäckig widersteht, so wird sie wohl schon im 12. Jahrhundert vorheraldisch zu Stande gebracht worden sein durch einen Krämer, der für eine grosse Partie der gleichbemalten Schilde, welche er feil bot, in Einem Bezirke Absatz gefunden hat, oder durch einen auf Arbeit reisenden Künstler, welcher die Schildesränder aller Burgen im Thal mit jener Figur zierte, die ihm am liebsten und geläufigsten war, ob nun Leopard oder Barbe, Sparrentheilung oder Kleeblattschnitt, Fiedel oder Kriechenbaum. — Zärtliche Andenken von mancher vielschönen Obilot konnten auf den damaligen Schilden junger „Waldschwenden" auch nicht fehlen, so mag ein und der andere Treubund gekommen sein, ferner Fingerringe, fliegende Schleifen, Spangen, Herzen, Schnallen und ganze Gürtel, Schappel (davon chaplet) und Sträusschen auch auf dem Helme, dazu viel mancher Turnierdank, darunter vielleicht einiges von goldenen und silbernen Laub und von den Blätterstengeln, bei deutschen Wappen so häufig, so meinte wenigstens der kundige Doctor Stans. Unter den bekleideten, oft gekrönten Frauenbildern auf vielen Helmen können wohl auch Konterfey's der „Minnechlichen" sein. Ihren Aermel in Wirklichkeit auf den Schild zu heften

war etwas Geläufiges, und ein solches Stück wurde, wenn nicht
schon vor dem Kampf, doch unfehlbar nach demselben eine
„manche maltaillée". Uebrigens sind auch Bilder dieser Art
nicht immer Talismans der Liebe sondern zuweilen blosse
Namensanspielungen, z. B. bei zahllosen Zusammensetzungen
mit -Rosen, bei den Schwaben Schappel, Siebmacher II, 101
und III, 115, nach Planché und Lower auch beim Engländer
Reinold de Moun, der führte 1240—1245 „de goules a ung
manche d'argent".

Nun kam die Erblichkeit, nicht mit einem Schlage, wie
westländische farçeurs vorgeben, aber doch überraschend schnell,
in maassgebenden Kreisen hat sie von 1157—1190 durchge-
griffen. Was ist natürlicher als dass gar viele den Schild behielten,
welchen sie eben in Gebrauch hatten, der dürftige Edelknecht
vom Thurm im Waldrevier z. B. seinen Zwillingsbalken, der
Ministerial im fernen Vorwerk sein Schach, der in steter Kampf-
bereitschaft herumpatrouillirende Hansgraf seinen gekerbten
kupfernen Bord, der irrende Ritter den grünen Kaufschild mit
vergoldeten Kreuzchen besät, welchen er im vorigen Turnei ge-
wonnen, der Herr des Gaues die angenehme Anspielung, mit
welcher der fahrende Schilderer ihm in Anhoffnung seiner Milde
geschmeichelt hat, und zwar um so lieber, wenn dieselbe sich
auf seinen mittlerweile fixirten Geschlechtsnamen bezog. War
des Ritters Wappenbild „von der Minne Hand florirt", so hätte
er es ja nicht um das Reich des Priesters Johann hingegeben!
Die alte Erzählung vom Sächsischen Rautenkranze, den die
schöne Venetianerin beim Abschied dem Herzog Bernhard gegeben, fand, wenn schon ganz unbegründet, bei Vielen Glauben,
kann nicht mit den albernen Wappensagen der Perrückenzeit in
einen Sack geworfen werden und zeigt, dass der Gedanke unsern
Vorältern nahe lag. Dieser grüne Laubkranz (davon crancelin)
unbekannten Ursprungs könnte wohl ein Turnierdank gewesen
sein und ist zum Sächsischen Wappen lang nach dessen Fixirung
hinzugekommen, dann an mehrere Sächsische Vasallen verliehen worden. Um so glaublicher scheint es, dass ähnliche
Kränze und andere Figuren aus dem Reich der Minne im zwölften
Jahrhunderte von willkührlichen zu erblichen Bildern geworden sind, und dann auch weiter an Lehnsleute kamen; Fürst
Friedrich Karl erwähnt ein Siegel Johanns von Cronberg
1298, mit dem Wappenschild seines Herrn, des Wolfkehl, roth:

in weissen Hängärmel gekleideter Frauenarm, in der Hand goldenen Fingerring. — Einzelne Fälle, wo persönliche Sinnbilder damals zu Erbwappen wurden, lassen sich nachweisen, abgesehen vom Ritter mit dem Delphin, welcher, wie die Franzosen behaupten, Stammvater der Fürsten von der Dauphinèe, der Dauphins ist. Ludwig VII. der Karlinger, genannt Loys le Floury, 1137—1180, siegelte mit einer Lilie, fleur de lys als willkührlichem Rebus, unter seinem Sohne Philipp II. August, gekrönt 1179, ward die Blume des Louis golden, ungezählt, in blau zum Wappen von Frankreich. — Wären die Schilde dauerhafter gewesen, so hätte fast alles darauf Angebrachte, vom Vater auf den Sohn übergehend, damals zu erblichen Wappen werden müssen: so aber frassen den Pelz vollends die Motten, die Farben am Zwillingsbalken verblichen, die Temperamalerei des Schach sammt der Leinwand löste sich im feuchten Vorwerk ab und hing in Fetzen vom „Rant", die kupferne Schildescinfassung ward von wilden Schächern zerklobt, als der Hansgraf nach der letzten Frankfurter Messe die seinem Geleit anvertrauten Kölner Kaufherrn vertheidigen musste, und die angenehme Anspielung auf dem Schild des Herrn vom Gau ward, als er mit Erzbischof Philipp gegen Heinrich den Löwen ritt, zugleich mit seinem milden Herzen von einem braunschweigschen Speer durchbohrt und fand bei seinem Nachfolger nicht genug Beifall, dass er sie auf einen neuen Schild hätte malen lassen. Es war die Zeit gekommen, da Adel und Ritterschaft statt der früheren veränderlichen, oft nichtssagenden Verzierungen grossentheils heraldische Ehren erkor, welche für das Geschlecht in alle Zukunft Bedeutung und Gültigkeit zu behalten gemeint waren.

Warum hätte nicht Grundbesitz, auch ohne Namensanspielung, dazu dienen sollen? In ihm, wenn auch nicht gebunden, lag die Kraft der Familie, welche ihre Stammgüter minder leicht als heut veräussern konnte und in der Regel nicht daran dachte, ausser wegen Noth, was dann ausdrücklich in die Uebertragungsurkunde zu setzen für anständig galt, ganz im Gegensatze zu heut. Die Rohan sollen eine Art Steine in ihrer Gegend, in der Mitte durch einen Fleck bezeichnet, als rundausgebrochene Rauten, macle (mit dem Wahlspruch sine macula macla) in den Schild genommen haben; obschon man eher glauben möchte, dass dies erleichterte Schildbefestigungen sind, als dass ein so unwesentliches Merkmal ihres Besitzes Anlass zum Wappenbilde gegeben hätte, so geht aus jener Auffassung immerhin hervor, dass Beziehungen auf Grund und Boden nicht unwürdig erachtet wurden, durch die Wappenkunst verewigt zu werden. Von den fossilen astroit, wohl versteinerte fünfstrahlige Meersterne, häufig in der Pfarre Shukburgh in Warwickshire, welche vom alten Geschlechte Shukburgh in das Wappen genommen wären, gilt in jeder Hinsicht das Gleiche. Richtig aber ist es nach Graf Uetterodt mit dem Wappen von Ballenstädt, fünf schwarzen Balken in Gold, den fünf Balkenstockwerken des Schlosses Balkenstädt im Anhaltschen, welche schon Weihnachten 1180 das Stammwappen Bernhards von Askanien waren und an diesem Belehnungstage zum Wappen des Herzogthums Sachsen wurden; Graf Uetterodt rechnet es zu den redenden, ein Namenwappen in engerem Sinne kann es aber nicht heissen, da ja Bernhard sich nicht vorzugsweise Graf von Ballenstädt nannte, vielmehr schon sein Vater, Albrecht der Bär bei dessen Regierungsantritt 1123 als Graf von Aschersleben auftritt, und vor 1123 schwerlich ein besonderes Wappen für Ballenstädt bestanden haben wird. — Doch kann, Graf Hoverden zufolge, das Hantgemal schon sehr früh Veranlassung zu Wappen gegeben haben; es ist ursprünglich der freieigne Grundbesitz eines Vollfreien, ein wesentliches Merkmal der Freiheit, dann auch das Zeichen, chirographum, welches für Haus und Hof nebst *Zubehör und zugleich für die Person des Besitzers diente. Dies chirographum, eine natürliche oder künstliche Figur, ward bei den Hochfreien, auch nach Eichhorn, erblich und also zum Wappen (wenigstens für den einen Sohn), und dieses mag wohl der Anfang der Wappenerblichkeit gewesen sein. Die ältesten Geschlechtsnamen sind wirklich dem Besitz entnommen, besonders im nördlichen Deutschland, wo ihre Wandelbarkeit frühr als anderwärts aufgehört zu haben scheint. Chirographum ist übrigens nicht blos das Zeichen für freies Eigen, deutsch Hantgemal, lateinisch capmansus, französisch chefmets, englisch manor, sondern auch für pflichtigen Grundbesitz, und auch so dürfte es schon früh zu Wappen geworden sein, vielleicht sind einige von den Hausmarken solchergestalt vom Hause hergenommen worden, öfter aber Bilder. Ueber die Wahl des Chirographums für Land und Besitzer, die ebenso unbeschränkt gewesen sein muss als jene sonstigentstandener Figuren, ist nichts auf uns gekommen: soviel erhellt aber aus der Sache mit Bestimmtheit, dass manche der ältesten Wappen Bezug auf Grundbesitz haben. — In den folgenden englischen Beispielen stimmt zwar, wie in jener fernen Zeit gewöhnlich, Name und Gut, allein es liegt kein Rebus vor, sondern das Bild ist dem Besitz entnommen, was auch abgesehen vom Namen hätte geschehen können, wogegen freilich angemerkt werden darf und muss, dass eine Anspielung auf den Namen, hauptsächlich oder nebenbei, iu allen Zeiten sehr beliebt war. Wallop Grafen von Portsmouth als Welhope in Hampshire führen in Silber einen gewellten Schrägbalken schwarz, wegen einer bei ihrem alten Sitze auf einem Hügel, hope entspringenden Quelle, well, welche einen der Zuflüsse der Tese bildet. Neun Quellen, Runde mehrmal geschlängelt-getheilt in einer goldenen Einfassung sind zum Unterschied vom Hauptstamme Hume das Beizeichen der Familie Hume von Ninewells; sie entströmen in Wirklichkeit einem sanften Abhange gegenüber Ninewells (= neun Quellen), dem väterlichen Schlosse des bekannten Geschichtschreibers. Die Lords Stourton zu Stourton in der Grafschaft Wilts haben in Schwarz einen goldenen Schrägbalken zwischen sechs Quellen, drei innerhalb und drei ausserhalb der vom Schrägbalken angedeuteten Umzäunung des Stourtonparks, welche sich zum Flusse Stour vereinen. Der gewellte silberne Schrägbalken in Blau der Swale von Swalehall in der Grafschaft York wird für ein Bild des dortigen Flusses Swale gehalten. — Viele Städte führen schon in ihren ältesten Siegeln Mauern und Thürme oder andere auffallende Wahrzeichen, z. B. Kitzingen seine gemauerte Mainbrücke, Segovia die Trajanische Wasserleitung. — Von dem Fenster hier erblicken wir auf eine Stunde Entfernung am Waldhange die Burg Halleck, herrlich wie wenige; vor sieben Jahrhunderten hätte man sie von diesem Standpunkte nicht wahrnehmen können, denn dichter Wald bedeckte den Zwischenraum, dessen Urbarmachung ein Verdienst der Hallecker ist: sie führten und führen noch heut von Weiss und Roth zwiergespalten einmalgetheilt. Namenwappen ists nicht, denn Durchschnittspunkte rechtwinkliger Linien nannte niemand Ecken, am wenigsten in der Wappenkunst, welche das Ausgesprochene liebt, also nur scharfe Ecken, nämlich spitzwinklige, betonen würde; Hailekk, so schrieb mans früher, heisst Freieck; von welchem Lehnsherrn sie die Farben überkommen hätten, scheint auch unersichtlich; ebensowenig ist an nothgedrungene Einfachheit zu denken, denn nicht blos ihre Bauten, worunter die Stadt Klagenfurt, sondern auch die Denkmäler und Grabsteine von ihrer ersten Zeit an zeigen, dass sie von Künstlern wohlbedient waren. Wenn die Neu-Bruchhausen ein verwandtes Bild wegen ähnlicher Ursache führten — und Graf Hoverden macht dies sehr wahrscheinlich — so ist auch bei Halleck erlaubt anzunehmen, und es scheint ja wenig anderes übrig zu bleiben, dass die Theilungsfigur eine Landkarte ihres heimathlichen Thales mit Wald und Sumpf und Feld ist. — Besitz von Gestüten kann in Ländern, wo solcher der Familie dauernden Gewinn zu versprechen schien, auch ohne Namensanspielung Anlass zu erblichen Wappenbildern gegeben haben: das Pferd, ein zum erblichen Kriegsdienst unumgänglich nothwendiges Thier, nahm in den Sorgen, Gedanken und Freuden der Ritter eine bedeutende Stelle ein.

Die Bilder der Sage standen lebendig vor ihren poetisch angeregten Seelen: alle beschäftigten sich damit, etwa wie das Geschlecht von heut mit Zeitungsnachrichten. Mone berichtet von den Hardenberg an der Ruhr, 1148—1419, bei welchen der Taufname Neveling fast erblich geworden war, dass sie den Drachen führten, von 1397 an auch den Kobold Goldemer, das ist der Goldzwerg Alberich; die Beziehung dieses Geschlechtes auf die Nibelungensage ist zwar nicht deutlich, aber wie leicht war eine solche zu finden! — Die Melusine auf dem Helm der Lusignan, das Bild ihrer Ahnfrau, musste wohl forterben, denn mit dem gleichen Rechte, wie jenem Ritter aus der Mährchenwelt, welcher die schöne Wasserfei heimführte, gehörte es ihren Nachkommen bis Guy, mit welchem 1307 der französische, und bis Aymer de Valence Graf vom Pembroke, mit welchem 1323 der Englische Mannsstamm ausstarb, auch den Königen von Cypern, die ebenfalls von ihr stammten sowie den Lezay und Couhé, beide heuteblühend und Lusignan genannt und den Larochefoucauld *). —

---

*) Die Schottischen Lyon Grafen von Strathmore führen, seit Sir John Lyon die Tochter Johanna König Roberts II. (regierte 1370—1390) zur Gemahlin erhielt, nach Lower den Löwen (übrigens Namenwappen, lion = Löwe) von Schottland in der durchbrochenen und lilienbesteckten innern Einfassung, dazu auf dem grün und goldnen Helmbunde im Lorbeerrahmen eine oberhalbe Jungfrau, in der Rechten die Distel (von Schottland), welches

Volker von Alzey, der edle Videlaere spielt im Nibelungenliede nicht blos die Geige mit wunderbarer Meisterschaft, sondern führt sie auch im Wappen *) wie das Geschlecht, welches gegen Ende des 12. und im 13. Jahrhunderte auf Alzey hauste: hier hat offenbar der am Rheine wohlbekannte Dichter seinem Liebling Volker Namen und Wappen der zu seiner, des Dichters, Zeit in jener Burg sesshaften Truchsessen von Alzey beigelegt. — Im Stadtwappen von Klagenfurt sieht man den Drachen, welcher in grauem Alterthum hierlandes eine üble Rolle spielte. — Mährchenhaft muthen die uralten Bilder des metalllosen Kiesewetterschen Wappens an, getheilt, oben blau: nacktes Knäblein, in der Rechten einen rothen Apfel, unten roth: dreimal gekrümmte Schlange; auf dem gekrönten Helme mit blaurother Decke ist das Kind als Engel wachsend wiederholt, in weissem Gewande, über der Brust schrägkreuzweis ein rothes und ein blaues Band, die Hände vorn an den Gürtel gelegt, rothe Fittiche. Wer weiss es zu deuten?

Vom Schachspiel berichten uns Mära und Saga mit seltener Uebereinstimmung, dass es allgemein gespielt wurde damals, als Ecarté, Rabouche, Patience, Trictrac und ähnlich geistreiche Zeitvertreibe uns noch nicht von Frankreich gekommen waren, ja es gehörte ein gewisser Grad von Geschicklichkeit darin, wie im Reiten, Schwimmen, Schiessen, Ringen, Beizen, Dichten (Schirmen, Tanzen, Klettern, Tranchiren) zu den ausgesprochenen Erfordernissen an einen jungen Rittersmann. Der starke Roch mag auch bei andern als bei den deutlichen und verborgenen Namenwappen als sinnbildlich für erbliche Kriegstüchtigkeit aufgenommen worden sein z. B. bei Immerseel, Bemmel, Herzheimer, Hinderskircher Tänzl von Trazberg, Bitterl, Neufahrer, Hohenbalken, Walch, Thierbach, Redemin, Ylnow, Zaschwitz, den Lothringern Lieuron und la Marche, den Engländern Bodenham und Walter, den im Constanzer Concilbuch erscheinenden Hofmeister von Frauenfeld und Olmunt, der Stadt Tulles in Gascogne, den Augsburgern Sulzer, Halbherr, Hangenohr, wohl auch Luitfridt und Hofmayr, Siebmacher II, 151, die beiden letzteren wird kaum

---

Kleinod das Konterfei Johannas wäre. Diesmal ist die Heirath unzweifelhaft, die Entstehung der Helmzier weniger — just umgekehrt wie bei Lusignan.

*) Den schilt begund er fazzen, da wolt er in die not, darane stuont ein fidele, diu was von golde rot.

jemand mit einer Lilie oder Lilienfuss verwechseln, wenn er zwei Seiten weiter blätternd vergleicht, wie derselbe Künstler diese Figuren in Augsburger Wappen darstellte. Wie beliebt er war, davon ein aus Wiguleus Hund entlehntes Beispiel auf Schild und Helm der Heseloher; Namenwappen und zugleich den Roch wollten sie: da formten sie die beiden Hörner gleich Eselsköpfen. Von einigen Lilien sagt von Mayrfels, dass sie ursprünglich Roch gewesen seien. In Frankreich hielt den Roch vor Menestrier zwar kein Mensch für ein fer morné, aber zur Lilie haben ihn vermuthlich viele gemacht, um mit dem königlichen Wappenbilde zu prunken und sich in dort schon früh beliebter Weise an den Thron zu lehnen. Andere Schachfiguren als der Roch werden ausser bei Namenwappen schwerlich erscheinen, nach dem heraldischen Gesetz, von jeder Art immer nur das vollkommenste, ausdruckvollste zu erkiesen. Bei den Bairischen Fend von Möhringen wich diesem Gesetze sogar der allgemeine Gebrauch, wo möglich den Namen zu versinnbildlichen: eine Schachfigur führten sie, aber nicht den Vend, sondern die ausgiebigste, stärkste, den Entscheider der Schlachten, den sturmkühnen ratha oder ruch.

Der Anker zwischen zwei Sternen der Weittenhiller, vor noch nicht hundert Jahren in das Wappen aufgenommen, ist das Handelszeichen der Familie, welchem man solches nicht ansieht. Wieviel mehre mögen im Mittelalter, da der Grosshandel ein auschliesslich adliger, bei den Reichsstädtern meist erblicher Beruf war, zu Wappenbildern geworden sein. Dahin könnten auch einige von den Hausmarken gehören, gewiss ists bei den Langenmantel vom R, sieh oben unter den Namenwappen.

Wie vor kurzem ein neuer Freiherr das Kreuz als Sinnbild erblicher Frömmigkeit ins Wappen genommen und mittelst des Wahlspruchs seinen Nachkommen „in hoc signo vinces!" zugerufen hat, ohne dass ein Namensanklang ihn auf diesen Gedanken gebracht hätte, so wird ähnliches vom Uradel oft gethan worden sein, und zwar nicht blos mit dem gemeinen, heraldischen und verzierten Kreuze, sondern mit Sternen, Pilgerstäben und Flaschen, Jakobsmuscheln u. s. w. Die englischen Waterbudgets, bei Reisen durch die Wüste über den Saumsattel zu legen, können vielleicht als Mahnung zum Besuche und zur Befreiung des heiligen Grabes gedeutet werden. Die

Symbolik der Kirche war vor 1200 den Geistern sehr geläufig und ist ein fast unübersehbares Feld. Der Greif, utrique princeps, in diesem Sinne Herr des Himmels und der Erde, kann zuweilen als Erinnerung an Christus, überhaupt an den Höchsten in Wappen gekommen sein. Das Bild Unserer Frau mit dem Jesuskinde im Strahlenglanz sieht man als Zimier auf einem Bairischen Helme. Das blaugekleidete weibliche Brustbild mit fliegendem Haar zwischen drei Sternen der Augsburger Gollenhofer, (Siebmacher II, 151) gekrönt, soll vielleicht auch die Himmelskönigin vorstellen, auf dem Helm erscheint sie wachsend. Die Lilie, theils wappenkünstlerisch, theils mit dem Stengel, theils als Lilienstab war zuweilen Schildbefestigung, wozu sie in der Mehrzahl trefflich dienen kann, theils zierliche Besäung eines kostbaren Stoffes, welcher auf den Schild gelegt oder vielleicht zur Meuve (Ueberzug) genommen worden ist, sie kann auch wohl erbliches Herrscher-, Richter-, Statthalteramt angedeutet haben, anderemal wars ein Roch; ausserdem ist sie die Blume der heiligen Gottesgebärerin und reinen Magd. In diesem Sinne wird das Lilienwappen den Fugger von der Gilgen gegeben worden sein, denn unter Kaiser Friedrich III. war die alte Bedeutung der Figuren noch nicht ganz vergessen; es passt dazu der freilich spätere Wahlspruch: „Gott und Maria", die Engel als Schildhalter und die vielen hunderte von Fuggerschen frommen Stiftungen. Es ist zu verwundern, dass nicht noch viel mehr Lilien vorkommen, denn hiess eines Ritters „edles Wip" Marie, so lässt sich wohl annehmen, dass sein in Andacht wie in Minne glühendes Herz, welches, fürchten wir, diese Gefühle nicht einmal immer gehörig auseinander zu halten verstand, den Anlass zur Wahl von Lilien hochwillkommen fand. — Das alte Testament mag der Urheraldik Bilder wie die Traube des Ueberflusses, die Schlange (als erbliche Warnung vor Versuchung), die Harfe (zum Lob Gottes) und noch einige mehr von denen gebracht haben, die damals wie auch noch jetzt allgemein verstanden wurden, und vielen Lesern bei den Vorstellungen in Oberammergau zur Wahrnehmung gebracht worden sein dürften. Weit mehr Bilder aber sind der christlichen Kirche und der Heiligengeschichte entnommen. Da muss nochmals der Anker vorgeführt werden, der schon als Schildesbefestigung, als Namenwappen und als Handelszeichen erwähnt ist. Hierher gehören einige von den Kelchen,

Opfer oder Taufe, überhaupt Glauben ausdrückend, während andere, öfters ebenso dargestellte, Namenfiguren, wieder andere Bilder des Schenkenamtes sind. Herzen, brennend oder nicht, stehen zuweilen für Gottesminne, ausser sie sind vom Pfeile Cupido's durchschossen, dann gehören sie zu den Figuren aus dem Reich der Frauenliebe. Todtenköpfe, wie die Sachsen Friederici, die Italiener Biesy, die Polen Bialoglowski solche führen, weisen das Geschlecht auf die Vergänglichkeit des Irdischen hin. Alte Städte führen häufig ihren Schutzheiligen oder Attribute desselben, Freising z. B. den gezähmten Bären des Heiligen Corbinian, mit dessen Reisegepäck belastet*), Venedig den geflügelten Löwen des Evangelisten Marcus, andere führen ein Liebfrauenbild, mehrere Bischofsstädte einen „Baselstab"; Schlüssel in Städtewappen mögen manchmal jenen des Thors, öfter aber jenen Sanct Peters vorstellen. In solchem Sinne nahmen Ferdinand und Isabella den Adler Johanns des Evangelisten zum Wappenhalter: auf Gebäuden aus ihrer Zeit reichster Gothik in Spanien prangt derselbe mit vorgewendeten also sehr erhaben gemeisseltem und umscheinten**) Kopfe, den Schild mit den Griffen vor der Brust haltend. Irland führte (Zürcher Rolle, „Schotten", 4) in goldenem Felde den heiligen Patricius, der dort das Christenthum verkündet hat. Die Sachsen Gerstenbergk und die Frankfurter Paur führen in Blau (dem gewöhnlichen, heitern Himmel andeutenden Hintergrund natürlich behandelter Bilder) den h. Georg zu Fuss, einen goldenen Drachen durchbohrend, die Baiern Hoser nach Otto Titan von Hefner den h. Johann von Nepomuk auf grünem Dreiberg in Gold (dem byzantinischen Hintergrund).

Ferner gibt es noch eine Reihe alter Wappenbilder mit allegorischer Bedeutung, welche wir zwar nur theilweise

---

*) Den Löwen zähmte die heilige Sabba, die Wölfe der h. Kentingernus, die Füchse die h. Brigitta, die Hirsche der h. Dintanus, die Wildenten der h. Baudolinus. Bekannter sind der Rost des h. Laurentius und das Rad der h. Katharine, welche in Marktwappen vorkommen.

**) Als dann zur Zeit Kaiser Karls V. dessen Reichsadler mit dem Schild von Oesterreich-Spanien auf der Brust an öffentliche Gebäude in Spanien gemeisselt wurde, bildeten ihn die dortigen Künstler ebenfalls hauptumscheint, wie sie von der frühern Regierung her den königlichen Adler darzustellen gewohnt waren. Von Valladolid und Madrid ist die Sache nach Deutschland gekommen.

kennen; indessen lässt sich nicht wohl bezweifeln, dass Bilder, welchen um 1180 **ausser** der Heraldik ein solcher Sinn beigelegt ward, mit diesem Sinne auch in die Wappen aufgenommen wurden, wenn derselbe Bezug auf das ganze Geschlecht hatte*). Fürst Hohenlohe sagt: „Die Symbolik der Wappen ist ein eben so interessantes als noch wenig bebautes Feld. Ich bin wenigstens der festen Ueberzeugung, dass den meisten mittelalterlichen Wappen ein tieferer Sinn zu Grunde liegt". Der Wappenkündiger wird behufs Entdeckung des allegorischen Sinnes wohl zuvörderst die wenigen schon in vorheraldischer Zeit unwandelbaren Siegelbilder von Ländern und Städten betrachten, aber vergebens: das weisse Ross von Sachsen ist allzu vieldeutig, was es mit der Augsburger „Stadtpyr" für Bewandtniss hat, ward auch nie stichhältig gezeigt, das Bild von Nismes, an Palmbaum gebundenes Krokodill mit Col.

*) Den meisten Völkern war es gemein, gewissen Dingen eine allegorische, wenn schon nicht überall und jederzeit die gleiche, Bedeutung beizumessen. Die rothhäutigen Familien der Shawanesenstämme nennen sich nach Sinnbildern Bär, Schildkröte, Adler, abgesehen von den persönlichen Ehrennamen ausgezeichneter Krieger, wie die grosse Riesenschlange etc. — Bekannt sind die erblichen Sinnbilder der zwölf Judenstämme z. B. der ruhende goldene Löwe in rothem Banner von Juda, nach welchem sich die Stammesangehörigen Löwe, Löwenburg, Leb, Lion etc. nennen; den Stammgenossen Benjamin gehört der Wolf und der Name Wolf, Wolfsohn etc.; den Naphtali ein Hirsch und der Name Hersch, Hirzel, Herzeles; Zebulon führt ein schwarzes Schiff und den Namen Schiff; Dan einen Adler und diesen Namen; Joseph-Ephraim hat das Bild eines Ochsen, sie heissen Ephraim oder Ochs; Ascher soll eine goldene Schale in blauem Banner haben, die heissen alle Ascher; ebenso behielten Levi ihren Stammnamen wenig- oder unverändert wie Levita, Halevy etc., und die Abkömmlinge Arons nennen sich meist cohen d. i. Priester, davon Kohn, Cahn etc. Das Bild von Manasse ist ein Baum, von Simeon ein Schwert, von Gad wohl ein Zelt. Die gangbare Scherzeintheilung der Judennamen in mineralische, z. B. Gold, Silberstein, Diamant, Saphir, Rubinstein, Smaragd, Marmor, vegetabilische z. B. Mandelblüh, Rosenzweig, Veigelstock, Pefferkorn und animalische wie Löwe, Hirsch, Wolf, wäre also keine treffende, da letztere eine ganz andere Berechtigung haben; ausserdem lässt diese Eintheilung die Zahl derer aus, welche nach Vornamen gebildet sind, wie Braham, Moss, Mosseley, Meier, Mendelsohn, oder nach dem Geburtsorte wie Frankfurter, Danziger, Friedländer, Wiener, Offenbach, Stroussberg oder nach dem Schutzherrn, wie Löwenstein, Werthheim, Rosenberg, Pereira etc., oder nach geschmackvollen Vorzügen z. B. Süss, Liebermann, Selig, Biedermann, Treumann, Issleib etc.

Nem. (Colonia Nemausensis), würde, wenn erklärbar, keine weiteren Schlüsse zulassen, Rom und Sulmone haben nur Buchstaben, ersteres S P Q R, bekanntlich Senatus populusque Romanus, Sulmone S M P E, Sulmo mihi patria est, der Anfang eines Ovidischen Verses. Hingegen sind einige Figuren aus den ältesten Wappen nach ihrer Bedeutung erklärt. Der Adler, schon seit 2500 Jahren Zeichen des Imperium, der unumschränkten, auch der Weltherrschaft: in diesem Sinne führte ihn Kyros (golden als Herrzeichen; der Adler war bei den Nordarianern, den Schülern Zoroasters, Bekämpfer der Dews, der finstern Mächte), die West- und Oströmischen Kaiser, einige Herrscher von Trapezunt, Armenien, Cypern, Spanien (Kaiser von Toledo), von Amida am Tigris, Türkische und Tartarische Fürsten, die Römischen Kaiser und Könige Deutscher Nation. Warum manche Ein-, andere zweiköpfig, darüber sind scharfsinnige und gewiss oft zutreffende Vermuthungen aufgestellt worden, aber im Allgemeinen, das heisst wo nicht besondere geschichtliche Veranlassung zur Wahl des zweiköpfigen führte, scheint derselbe nur eine ornamentale Verdopplung zu sein. In Europa liebte ihn die westländische Heraldik doppelt, ja einige dortige Wappenlehrer wollen, dass der ordentliche Adler zweiköpfig sei. Richard Graf von Cornwall und Poitou, welcher 1257 in Aachen zum Römischen Könige gekrönt ward, führte auch den Doppeladler, auf dem Brustschilde den Löwen und Bord mit 14 Erbsen (poix) von Poitou; den Brustschild erbte Richards Sohn, Graf Edmund von Cornwall, welcher ihn zum Wappen von Cornwall machte und den Doppeladler als Schildträger behielt. Erst nach den Zeiten Richards, der niemals Kaiser ward, scheint der Unterschied zwischen dem Einköpfigen Adler für Römisches Königthum und Doppeladler für Römisch Kaiserreich aufgekommen zu sein, wann ist nicht leicht genau auszumitteln, da es bis zur nächsten Kaiserkrönung lange dauerte. In der Zürcher Rolle, welche in die Zeiten König Rudolfs von Habsburg zu fallen scheint und nur gleichzeitige Wappen bringt, war keine Veranlassung für den Doppeladler. Das schöne, angeblich 1300, aber vielleicht etwas später gemalte Fenster der Kathedrale von York zeigt eine Gruppe aller Europäischen Länderwappen, darunter einen goldenen Schild mit dem Doppeladler und einen zweiten mit dem einfachen Adler. Heinrich VII., der 1312 Kaiserkrone nahm, sie aber nur Ein Jahr trug, soll den Reichsadler stets einfach geführt haben. Seine Nachfolger aber trugen ihn als Könige stets einfach, dagegen wenn sie zum Kaiser gekrönt wurden oder sich auch nur Kaiser nannten, stets doppelt, mit nur zwei unsichern Ausnahmen. In viele Wappen von Herzögen und Grafen kam der Reichsadler als Amtswappen aus zweiter Hand, und er kann, Schreiber zufolge, in einzelnen Fällen aus dem Amtswappen zum Geschlechtswappen geworden sein. In ähnlichem Sinne erscheint der Adler im Siegel vieler Reichstädte und Gerichte, im Landfriedensinsiegel von 1335 (doppelt) und in jenem der Augsburger Judenschaft von 1298, diese führten ihn als des Heiligen Römischen Reichs Kammerknechte (zweiköpfig) unter einem Judenhute. Ausserdem ward er unzähligen Geschlechtern doppelt, einfach, halb oder stückweis zum Gnadenwappen verliehen, selbst nach Auflösung des Römischen Reiches noch. Als Namenwappen kommt er auch schon in ältesten heraldischen Zeiten vor, bei den Grafen von Are, von Neuenburg-Aarberg, von Saarwerden, und bei den Herrn von Arbon etc. Wenn nicht Imperium, nicht Amts-, nicht Gnaden-, nicht Namenwappen und keine andere Auslegung stimmt, so ist die Möglichkeit nicht ausgeschlossen, dass ihn ein oder der andere als vorzügliche Schildesbefestigung aufgenagelt hat.

Der Löwe, Sinnbild des Dominiums, der Herrschaft zu Lande für Fürsten und Hochfreie, welche nicht völlig unumschränkt gebieten, sondern wenigstens in Gedanken einen Höheren auf Erden gelten lassen: dahin gehörten fast alle Monarchen des christlichen Abendlandes ausser jenem fantastischen des kurzlebigen Kaiserthums Toledo, denn wenn der Römische Kaiser auch keinen Einfluss ausser den Königreichen Germanien, Italien und Arelat beanspruchte, so war doch die Annahme, er sei der höchste Herr und Richter auf Erden, unwidersprochen und wurde von mehreren Englischen Königen ausdrücklich anerkannt, freilich nur soweit freundlicher Verkehr derartige Höflichkeit mit sich brachte, aber doch genügend für den Begriff. — Heinrich I. von England, mit dem Beinamen „der Löwe der Gerechtigkeit" führte schon vorheraldisch dies Sinnbild,-hat es aber gleich erblich gemacht, indem er seinem Schwiegersohne Gottfried dem Schönen von Anjou 1127 beim Ritterschlag einen Schild mit mehreren goldenen Löwen um den Hals hing, seine natürlichen Sprösslinge führten ebenfalls alle Löwen. Bei den Fürsten Ende des 12. Jahrhunderts ist er das häufigste Wappenthier, z. B. bei den Königen von England, Schottland, Leon, Norwegen, Dänemark, dem Pfalzgrafen vom Rhein, dem Fürsten von Wales, den Herzögen von Schwaben Braunschweig, Normandie, Löwen, den Markgrafen von Meissen, den Grafen von Habsburg, Lützelburg, Flandern, Holland, Hennegau etc. etc., so dass die Tincturen zur Unterscheidung nicht mehr genügten, und man Zahl und Stellung, welche anfangs bekanntlich nur von der Gelegenheit des Schildes abhingen, schon um oder bald nach 1200 hierzu benutzen musste, ob einer, zwei oder drei, ob im Angriffe (ordentlich), mit vorgewendetem Kopfe (einige nannten das später leopadirt), laufend (nach diesen Wappenlehrern gelöwter Leopard), laufend mit vorgewendeten Kopfe (Leoparden, z. B. Hohenlohe), stehend, schreitend, kletternd, mehrere gegengehende, zwei zuspringende, abgekehrte (Rechberg), Spaltschweif (Böhmen), Wickelschweif (Lodron) u. s. w. Da nun alle die Genannten und noch viele andere den Löwen weiter verliehen, so wurde die Zahl dieser Thiere in Wappen bald grösser als in der Natur; was hat allein Graf Heinrich von Tirol, der sich König von Böhmen nannte, diesen Anspruch zu bethätigen, 1315—1335, für Löwen, meist aufgelegt, ertheilt! Wer zählt die von Habsburg, Leon, Schottland verliehenen! Und nicht genug, zur Zeit Kaiser Karls V. ward der Löwe auch noch Sinnbild der Tapferkeit, besonders gegen den Erbfeind christlichen Namens, dann überhaupt kriegerischer Leistungen, unabhängig davon, ob der Geber ihn selbst im Wappen hatte oder nicht. Zudem lieferte der Löwe, Leu, leo, lion noch viele Namenwappen.

Der Panter hat im Wappen dieselbe Bedeutung wie der Löwe und scheint mehr als einmal in letzteres Bild übergegangen zu sein: es ist von der Urform dieses Ungeheuers die Rede, Baierische Leser kennen sie aus den Siegeln Rapotos von Ortenberg, Kärntner aus jenen ihrer Herzöge vom Hause Spanheim-Lavantthal, Norddeutsche aus denen von Krackewitz, weiter gereiste von Spanien und Cypern her; dieselbe hat mit nichts von dem was da läuft, kreucht, fleugt und schwimmt besondere Aehnlichkeit. Doch ist das schlanke feuerspeiende Panterthier Steiermarks, der Stadt Ingolstadt, der Schwaben Felsenberg, der Oesterreicher Panthier offenbar nahe mit jenem Urpanter verwandt, 'ebenso der Panter von Scheurl, Mynner,

Pfüringer, Hochenberg, (Zürcher Rolle 492). Auch zum natürlichen Panter dürfte einer und der andere geworden sein, wie solchen die alte Steierische Familie Trübeneck führte.

Schlange, Ecidämon, Sarapandratest, Drach, Lindwurm, Nesselwurm, in einander übergehende Gebilde, bedeuten in den Ritterlanden Herrschaft, die durch Waffengewalt zu erweitern kommt. Schon in den ersten heraldischen Zeiten und noch vorher führten die Könige von Portugal, welches fast ganz von den Mauren zu erobern war, den Drachen in diesem Sinne auf dem Helm und ertheilten ihn an mehrere ricohombres. Ein Drachenbanner, nicht blos der Form nach so benannt, obschon auch dies stimmen würde, erscheint neben der Königlichen Fahne in den Hoeren von England, Frankreich, Spanien etc. In der Heldensage hat der kämpfende Dietrich den Drachen ganz entsprechend zum Helmkleinod, als König von Bern führt er auf dem Schilde den Löwen, als Römischer Kaiser den Adler.

Schiff: dominium zur See. Man sieht es auf den Grabsteinen vieler Lords der Inseln in Schottland, lauter hochfreier Herrn, auf Jona, bequemer in alten gemalten Wappenbüchern der Advocatenbibliothek zu Edinburg, bald ohne, öfter mit einem oder mehreren Masten und selbst mit einfachem Takelwerk.

Der Greif, utrique princeps: dominium zu Land und zur See. Es ist der riesenstarke Vogel Roc der asiatischen Völker, auch bei uns öfters Roch*) genannt, obschon der Roc des Morgenlandes, der Heimath auch des Doppeladlers, dort zwei Köpfe hatte. Habsburgische Kaiser nahmen den Greif als Schildhalter des Reichswappens und ertheilten ihn weiter. Der Greif erscheint also in Wappen als utrique princeps im höchsten, sodann im irdischen Sinne, ferner als ertheiltes und als redendes Bild. Nach einer Eigenschaft des Greifen, die man ihm zwar in alter Zeit beimass, Hüter und Anslichtförderer der Metalle zu sein z. B. „das rothe Gold, von Greifenklauen aus dem Berge Kaukasas gezerrt" bekamen ihn erst in neuer Zeit mehrere Bergwerksbesitzer. — Hat der Greif den Schweif nicht untergeschlagen und keine Flügel, so ist er von ungehörnten Panther nicht zu unterscheiden.

---

*) „In sinem vanen stuont ein roch: daz bedûte sinen witen grif, daz im diu erde und diu schif volleclîche gaben richen Zins". — Scrons banir hat ein roch goltvar in blâen phellel geleit; sin wit gebiete, sin werdekeit daz. roch bewiste, sinen gewalt, sine richeit manicvalt".

Das Einhorn soll nach alten Quellen Stärke bedeuten. Da Stärke nicht erblich scheint, ja nicht einmal wie Frömmigkeit oder geistige Kraft erblich gedacht werden kann, so ist die Auskunft unbefriedigend, darf aber hier nicht vorenthalten werden, um so weniger als die meisten einhornführenden Geschlechter sich wirklich durch Macht und Waffentüchtigkeit auszeichneten.

Den Steinbock führte gern der Adel des Hochgebirgs. Noch Kaiser Max I., zu dessen Zeiten die alte Bedeutung der Bilder nicht völlig vergessen war, hat das edle Gratthier im Oberlande mehrmal verliehen. Von den Herrn im Niederland haben es fast nur die, in deren Namen Bock, Stein oder Fels, Schroffen, Berg etc. vorkommt.

Auch bei manchem Helmkleinod scheint eine sinnbildliche Bedeutung unzweifelhaft, wenn schon nicht nachgewiesen. Fürst Friedrich Karl vermuthet, dass die Schafscheere hier erbliches Weiderecht bedeutet; wenn man erwägt, wie schwer sumpfiges Weideland vortheilhafter zu verwerthen, dass es also zum erblichdauernden Besitze gleichsam vorherbestimmt ist, so lässt sich wohl glauben, dass ein Erbherr von meilengrossen Schafmooren dergleichen Helmzier erkor. — Die häufigen Eselsohren dürften auch nicht ohne Bezug sein; zufällig trifft es, dass mehrere durch Sparsamkeit reich gewordene Geschlechter in Augsburg und Köln sie führten, und dies wird auch das einzigemal sein, wo die eingebildete Bedeutung der Bilder — Esel für Sparsamkeit — durch Beispiele belegt werden kann. Solches Zimier liess damals nicht lächerlich, wie es wohl jetzt der Fall wäre, seit der Esel bei uns unverdient zum Symbol der Dummheit geworden ist; im Mittelalter heissts nie dummer, wohl „grober Esel", man hatte im Wappenwesen stets den wilden im Auge, der eher Ungestüm, Trotz und Wildheit ausdrücken könnte. — Pranken als Helmschmuck erscheinen auffallend oft. Zuweilen greifen sie Ballen; Otto Titan von Hefner, darüber um seine Meinung gefragt, gab schnell Bescheid, diese Ballen seien nur behufs besserer Entwicklung der Krallen angebracht, da die alte Heraldik es ja liebt, alles stets zum höchsten Ausdruck zu bringen: als man ihn jedoch aufmerksam machte, dass in des Wappenkönigs Tyrol gemalten Wappenbuch auf der Münchner Bibliothek einige Helmpranken mit dergleichen Kugeln, andere daneben ohne solche dargestellt sind, fügte auch er sich der Meinung, dass der Unterschied ein absichtlicher und wohlbegründeter sein dürfte. — Bei Flügeln, Vogelfedern, grünen Brüchen und dergleichen, womit der Waidmann ja noch heut gern seine Kopfbedeckung schmückt, darf man nach tieferen Sinne nicht suchen; bei Hörnern, wenigstens in Deutschen Landen, auch nicht, da sie ja schon in den Urwäldern des Tacitus allgemein üblich waren, und die Auerstierhörner mit Kopfhaut von den Rittern ebenso auf dem Helme zu Kleinod und Decke verwendet wurden. Manchmal, im 15. Jahrhunderte ziemlich allgemein, nahm man statt der rohen Bearbeitete, welche bekanntlich so zum Trinken wie zum Blasen dienen; will man letzteres, so zieht man den Stift mit hahnartigem Griffe heraus, welcher das Mundloch schliesst und im alten Siebmacher öfters erscheint z. B. bei Hohenfeld I, 34, an welchen sich übrigens mancher Leser wohl von Heidelberg her erinnert. Beim Ueberhandnehmen der Unwissenheit wurden offne Hörner öfters als Elephantenschnauzen angesprochen. — Von Drehscheiben, Schirmbrettern, Helmhüten, Beutelständen, manchen Rumpfpuppen und andern Hülfskleinoden liegt die Bedeutungslosigkeit auf der Hand, desgleichen wo nur die Figur aus dem eignen Schilde ganz oder theilweise wiederholt ist. Scheint die Helmzier keine blosse Hülfsfigur, so kommt auch noch zu erörtern, ob sie nicht aus einem Ahnenschilde entnommen oder verliehen ist; denn wenn schon das Zimier im 13. Jahrhunderte wandelbar war, so bestand doch die Veränderung oft eben darin, dass statt des früheren nichtssagenden Schmucks ein Bild genommen wurde, welches die Wappenvereinigung zweier Geschlechter herstellte.

Die Beizeichen mögen wohl gleich Anfangs einigen, wenn schon damals nur geringen Einfluss geübt haben, allein die Nachrichten darüber aus jener Zeit sind höchst unsicher. Dies gehört zu dem Vielen, worüber wir keine Auskunft zu geben vermögen: die ganze Abhandlung ist nur dem Herumleuchten mit Pfennigkerzen in den vergessenen Winkeln einer alten Rumpelkammer zu vergleichen! Mit alledem, dass man dem Gedankengange der biderben Recken zu folgen bemüht war, ists nur bei wenigen Stücken gelungen, die Bedeutung nachzuweisen, bei weit mehreren ward im Gegentheil der Mangel einer solchen oder blos Namensanspielung gezeigt. Es bedarf aber nicht des warnenden Eckarts, sondern des wegekundigen Hagen auf diesem Felde. Möge er sich bald finden!

Weiterer Bericht

über den

Stand und Fortgang

des grossen deutschen

Stamm- und Wappenbuches,

welches unter dem Titel

J. Siebmacher's Wappenbuch

in neuer reichvermehrter, mit historisch-genealogischen Erläuterungen versehener Ausgabe erscheint.

Begonnen wurde diese Ausgabe von Dr. O. T. v. **Hefner**, dann fortgesetzt von **A. Grenser**, nun weitergeführt unter Mitwirkung der Herren: Archivrath **G. A. von Mülverstedt**, Hauptmann **F. Heyer von Rosenfeld**, Heraldiker **A. M. Hildebrandt**, Premierlieutenant **M. Gritzner**, Advocat **Gautsch**, u. Anderen.

Seit Ausgabe unseres letzten Berichtes ist das Werk um weitere 47 Lieferungen vorgeschritten und eine noch kleine Anzahl wird das Werk, soweit dasselbe das heutige Deutschland umfasst, abschliessen. Die seiner Zeit mit in den Plan hereingezogenen Provinzen Oesterreichs werden dann in rascher Folge ebenfalls gegeben werden und so ein Universalwerk geschaffen sein, das einzig in unserer Literatur dasteht und der jetzigen Zeit sowohl als unsern Nachkommen auf Zeiten hinaus Quelle und Richtschnur für Wappenwissenschaft bleiben wird.

Zur Orientirung für Alle, die das Werk noch nicht näher kennen, geben wir nachstehend eine Uebersicht der systematischen Eintheilung desselben, nebst genauer Angabe, was von jeder Abtheilung in den zur Ausgabe gelangten 146 Lieferungen gegeben wurde.

Die Verlagsbuchhandlung **Bauer & Raspe** in Nürnberg.

Uebersicht.

Band	Abthlg.	
A.	Einleitungsbd.	Geschichte der Heraldik. Erscheint am Schlusse des Werkes.
B.		Grundsätze der Heraldik. Giebt auf 7 Bogen und 14 Tafeln die Erklärung von 341 heraldischen Figuren. Abgeschlossen.
C.		General-, Sach- und Namen-Register. Erscheint am Schlusse des Werkes.
I.	1.	Deutsche Bundesstaaten. Enthält auf 10 Bogen und 115 Tafeln die Beschreibung von 238 Wappen Abgeschlossen.
I.	2.	Ausserdeutsche Staatenwappen. Enthält auf 15 Bogen und 162 Tafeln die Beschreibung von 468 Wappen. Abgeschlossen.
I.	3.	Fürsten und Herzoge. Enthält auf 56 Bogen und 378 Tafeln die Beschreibung von 907 Wappen von 90 Geschlechtern.
I.	4.	Städtewappen. Enthält auf 46 Bogen und 209 Tafeln die Beschreibung von 3343 Wappen von 1554 Städten.
I.	5.	Bisthümer und Klöster. Enthält auf 8 Bogen und 54 Tafeln die Beschreibung von 105 Wappen von 19 Bisthümern.
I.	6.	Flaggen. Enthält auf 7 Bogen und 91 Tafeln die Beschreibung von 759 abgebild. Flaggen. (Beigabe 1 Tafel Farbenerklärung). Abgeschlossen.
I.	7.	Corporationen.
I.	8.	Innungen.
II.	1.	Bayerischer Adel. Enthält auf 31 Bogen und 156 Tafeln die Beschreibung von 1867 Wappen von 1530 Geschlechtern. Abgeschlossen.
II.	2.	Braunschweiger Adel. Enthält auf 3 Bogen und 9 Tafeln die Beschreibung von 105 Wappen von 90 Geschlechtern. Abgeschlossen.
II.	3.	Sächsischer Adel incl. der Herzogthümer. Enthält auf 14 Bogen und 63 Tafeln die Beschreibung von 752 Wappen von 710 Geschlechtern. Abgeschlossen.
II.	4.	Thüringer Adel. Schwarzburg und Waldeck, nebst Reuss. Enthält auf 5 Bogen und 15 Tafeln die Beschreibung von 176 Wappen von 168 Geschlechtern.
II.	5.	Württemberger Adel. Enthält auf 5 Bogen und 25 Tafeln die Beschreibung von 294 Wappen und 255 Geschlechtern. Abgeschlossen.
II.	6.	Baden'scher Adel. Enthält auf 23 Bogen und 54 Tafeln die Beschreibung von 546 Wappen von 377 Geschlechtern.
II.	7.	Nassauer Adel. Enthält auf 4 Bogen und 15 Tafeln die Beschreibung von 168 Wappen.
II.	8.	Frankfurter Adel. Enthält auf 3 Bogen und 8 Tafeln die Beschreibung von 91 Wappen von 79 Geschlechtern. Abgeschlossen.
II.	9.	Hannöverischer Adel. Enthält auf 10 Bogen und 36 Tafeln die Beschreibung von 419 Wappen von 315 Geschlechtern. Abgeschlossen.
II.	10.	Elsässer Adel. Enthält auf 9 Bogen und 36 Tafeln die Beschreibung von 415 Wappen von 312 Geschlechtern. Abgeschlossen.
II.	11.	Deutsch Lothringer Adel. Enhält auf 17 Bogen und 46 Tafeln die Beschreibung von 513 Wappen von 389 Geschlechtern. Abgeschlossen.
III.	1.	Preussischer Adel. Grafen. Enthält auf 8 Bogen und 37 Tafeln 441 Wappen von 286 gräflichen Geschlechtern. Abgeschlossen.
III.	1.	do. Freiherrn. Enthält auf 10 Bogen und 56 Tafeln die Beschreibung von 669 Wappen von 553 Geschlechtern. Abgeschlossen.

Band	Abthlg.		
III.	2.	do. Edelleute.	Enthält auf 88 Bogen und 370 Tafeln die Beschreibung von 4440 Wappen und 4223 Geschlechtern (A—T.)
III.	3.	Hamburger, Bremer u. Lübecker Adel.	Enthält auf 6 Bogen und 22 Tafeln die Beschreibung von 264 Wappen von 389 Geschlechtern. Abgeschlossen.
III.	4.	Hessischer Adel, Churfürstenthum und Grossherzogthum.	Enthält auf 9 Bogen und 36 Tafeln die Beschreibung von 426 Wappen von 433 Geschlechtern. Abgeschlossen.
III.	5.	Oldenburger Adel.	Enthält auf 4 Bogen und 10 Tafeln die Beschreibung von 119 Wappen von 110 Geschlechtern. Abgeschlossen.
III.	6.	Mecklenburger Adel.	Enthält auf 6 Bogen und 21 Tafeln die Beschreibung von 249 Wappen von 267 Geschlechtern. Abgeschlossen.
III.	7.	Anhalter Adel.	Enthält auf 3 Bogen und 9 Tafeln die Beschreibung von 108 Wappen von 90 Geschlechtern. Abgeschlossen.
III.	8.	Schleswig-Holstein- und Lauenburger Adel.	Enthält auf 7 Bogen und 18 Tafeln die Beschreibung von 213 Wappen von 146 Geschlechtern. Abgeschlossen.
III.	9.	Luxemburger Adel.	Enthält auf 4 Bogen und 14 Tafeln die Beschreibung von 167 Wappen von 132 Geschlechtern. Abgeschlossen.
III.	10.	Lippe'scher Adel.	Enthält auf 2 Bogen und 7 Tafeln die Beschreibung von 84 Wappen von 73 Geschlechtern. Abgeschlossen.
III.	11.	Adel der Ostseeprovinzen.	
IV.	1.	Oesterreich. Tiroler Adel.	Enthält auf 6 Bogen und 27 Tafeln die Beschreibung von 324 Wappen von 191 Geschlechtern. Abgeschlossen.
IV.	2.	do. Krainer Adel, nebst Görz und Gradiska.	Enthält auf 8 Bogen und 29 Tafeln die Beschreibung von 348 Wappen von 264 Geschlechtern. Abgeschlossen.
IV.	3.	Dalmatiner Adel.	Enthält auf 33 Bogen und 79 Tafeln die Beschreibung von 931 Wappen von 690 Geschlechtern. Abgeschlossen.
IV.	4.	Niederösterreichischer Adel.	
IV.	5.	Oberösterreichischer Adel.	
IV.	6—11	enthalten die übrigen Provinzen Oesterreichs.	
V.	1.	Bürgerliche Wappen.	Enthält auf 19 Bogen und 100 Tafeln die Beschreibung von 2000 bürgerlichen Familienwappen. Abgeschlossen.
V.	2.	do.	Enthält auf 15 Bogen und 100 Tafeln die Beschreibung von 2000 bürgerlichen Familienwappen. Abgeschlossen.
VI.	—	Abgestorbener Adel.	Das heisst die bekanntesten erloschenen Geschlechter des deutschen Adels nach der alten Landeseintheilung (Bayern, Schwaben, Rheinland, Franken etc.)
VI.	1.	do. Bayerischer Adel.	Enthält auf 7 Bogen und 22 Tafeln die Beschreibung von 352 Wappen von 249 abgestorbenen Geschlechtern.
VI.	2.	do. Schwäbischer Adel.	Enthält auf 2 Bogen und 8 Tafeln die Beschreibung von 128 Wappen von 112 abgestorbenen Geschlechtern.
VI.	3.	Abgestorbener Adel. Tyroler Adel.	Hievon sind bis heute 2 Bogen und 6 Tafeln, mit 96 Wappen von 61 Familien erschienen.
VI.	4.	do. Preussischer Adel. Provinz Ost- u. West-Preussen.	Enthält auf 31 Bogen und 80 Tafeln die Beschreibung von 980 Wappen von 982 Familien. Abgeschlossen.
VI.	5.	do. Preussischer Adel. Provinz und Mark Brandenburg.	Enthält auf 7 Bogen und 18 Tafeln die Beschreibung von 216 Wappen von 184 Geschlechtern.

Band	Abthlg.	
VI.	6—8	enthalten die übrigen abgestorbenen Adel.
VII.	—	**Ergänzungsband.** wird alle während des ganzen Werkes eingegangenen Verbesserungen im Text und in den Abbildungen bringen. Die ersten hievon erschienenen 2 Lieferungen geben auf 13 Bogen und 36 Tafeln 727 Notizen nebst 338 Wappen von Souveränen und adeligen Familien, theils Berichtigungen, theils Ergänzungen zu schon gegebenen, sowie auch Zusätze von ganz neuen erst hinzugekommenen Familien. Diese Lieferungen umfassen die Verbesserungen zu den Staatenwappen von Russland und Baden, zum bayerischen (Grafen und Freiherrn), tyroler (landständischen und einen Theil des nicht landständischen), sächsischen und schwarzburgischen, mecklenburgischen und württembergischen Adel.

Vorstehend als erschienen und abgeschlossen aufgeführtes Material ist in den bis jetzt ausgegebenen Lieferungen wie folgt enthalten:

1. Liefg.: 57 **Wappen** des heil. röm. Reichs und der sieben Kurfürsten; die jetzigen und früheren Wappen der Staaten und Fürsten von Oesterreich, Preussen u. Bayern.
2. „ 240 **Wappen** der gräflichen Häuser des Königsreichs Bayern.
3. „ 400 **Wappen** bürgerl. Familien in verschiedenen deutschen Ländern.
4. „ 69 der jetzigen und früheren Länder- und Herrscherwappen des Königreichs Sachsen, der sächs. Herzogthümer und des Königreichs Württemberg.
5. „ 240 **Wappen** der Freiherrn Bayerns (A—I).
6. „ 400 **Wappen** bürgerlicher Familien.
7. „ 41 der jetzigen und früheren Länder- und Herrscherwappen von Hannover, Braunschweig und den Hessen.
8. „ 216 **Wappen** der Freiherrn Bayerns (K—Sch).
9. „ 400 **Wappen** bürgerlicher Familien.
10. „ 144 **Wappen** der Freiherrn Bayerns (Sch—Z) und 72 Wappen der Edelleute Bayerns (A—B).
11. „ 216 **Wappen** der Edelleute Bayerns (B—G).
12. „ 30 **Wappen** von Mecklenburg, Baden und Oldenburg.
13. „ 216 **Wappen** der Edelleute Bayerns (H—M).
14. „ 400 **Wappen** bürgerlicher Familien.
15. „ 45 **Wappen** von Anhalt, Nassau und Schwarzburg.
16. „ 216 **Wappen** der Edelleute Bayerns (M—R).
17. „ **Grundsätze der Wappenkunst.**
18. „ 168 **Wappen** des gesammten nassauischen Adels.
19. „ 400 **Wappen** bürgerlicher Familien.
20. „ 192 **Wappen** der Edelleute Bayerns (R—T).
21. „ 19 **Wappen** von Lippe, Reuss, Waldeck, Lichtenstein, Hamburg, Bremen, Lübeck, Frankfurt.
22. „ 204 **Wappen** der preussischen Grafen (A—K).
23. „ 256 **Wappen** der Städte und Märkte in Deutschland und den angrenzenden Ländern.
24. „ 198 **Wappen** der Grafen, Freiherren und Edelleute des Königr. Württemberg.
25. „ 400 **Wappen** bürgerlicher Familien.
26. „ 96 **Wappen** der Edelleute des Königreichs Württemberg und 96 Wappen des Adels der freien Stadt Frankfurt.
27. „ 276 **Wappen** des Adels der gefürsteten Grafschaft Tirol.
28. „ 117 **Wappen** der Edelleute Bayerns (U—Z) und 48 Wappen des Tiroler Adels.

29.	Liefg.:	256 Wappen der Städte und Märkte etc.
30.	„	400 Wappen bürgerlicher Familien.
31.	„	213 Wappen der Grafen und Freiherrn des Königreichs Sachsen.
32.	„	75 Wappen der ausserdeutschen Souveräne und Staaten. Kaiserthum Russland und Frankreich.
33.	„	216 Wappen der Edelleute des Königreichs Sachsen (A—H).
34.	„	256 Wappen der Städte und Märkte etc.
35.	„	400 Wappen bürgerlicher Familien.
36.	„	76 Wappen der ausserdeutschen Souveräne und Staaten. Königreich Frankreich und England.
37.	„	249 Wappen der preussischen Grafen (L—Z).
38.	„	216 Wappen der Edelleute Sachsens (J—S).
39.	„	288 Wappen abgestorbener Bayerischer-, Schwäbischer- und Tyroler Adelsgeschlechter.
40.	„	107 Wappen der Edelleute des Königreichs Sachsen (S—Z) und 80 Wappen des Adels von Schwarzburg und Waldeck.
41.	„	400 Wappen bürgerlicher Familien.
42.	„	56 Wappen von England, Spanien, Portugal u. Neapel.
43.	„	33 Wappen des Hohen Adels von Deutschland.
44.	„	50 Wappen von Neapel, Sardinien u. dem Kirchenstaate.
45.	„	216 Wappen des Mecklenburger Adels.
46.	„	33 Wappen des Mecklenburger- und 180 des Krainer Adels.
47.	„	53 Wappen vom Kirchenstaate, Belgien und Holland.
48.	„	57 Wappen von Schweden, Norwegen und Dänemark.
49.	„	64 Wappen des Krainer-, 96 des Goerz- und Gradiskaer Adels.
50.	„	95 Wappen des Bayerischen-, 60 des Tyroler-, 20 des Mecklenburger-, 39 des Württemberger Adels (Ergänzungsheft).
51.	„	216 Wappen der Freiherrn Preussens (A—G).
52.	„	216 Wappen der Freiherrn Preussens (H—P).
53.	„	40 Wappen des Hohen Adels.
54.	„	216 Wappen des hessischen Adels (A—L).
55.	„	216 Wappen der Freiherrn Preussens (P—W).
56.	„	210 Wappen des hessischen Adels (L—Z).
57.	„	27 Wappen des Hohen Adels.
58.	„	400 Wappen bürgerlicher Familien.
59.	„	48 Wappen des Württemberger-, 32 des Sächsischen, 3 des Schwarzburger und 11 des Mecklenburger Adels, ferner 19 Wappen des Kaiserthums Russland u. 11 des Grossherzogthums Baden. (Ergänzungsheft.)
60.	„	288 Wappen der Städte und Märkte etc.
61.	„	288 Wappen des Abgestorbenen Bayerischen Adels.
62.	„	21 Wappen der Freiherren (W—Z) und 192 Wappen der Edelleute Preussens (A—B).
63.	„	216 Wappen der Edelleute Preussens (B).
64.	„	216 Wappen der Edelleute Preussens (B—C).
65.	„	216 Wappen der Edelleute Preussens (C—E).
66.	„	37 Wappen der Ausserdeutschen Souveräne und Staaten (Griechenland, Toscana, Modena, Parma, Monaco, Montenegro, Serbien und Schweiz).
67.	„	216 Wappen der Edelleute Preussens (E—G).
68.	„	216 Wappen der Edelleute Preussens (G.
69.	„	144 Wappen der Edelleute Preussens (G. H.) und 72 Wappen des Dalmatiner Adels (A—G.)
70.	„	216 Wappen der Dalmatiner Adels (G—Z und A—C).
71.	„	216 Wappen des Dalmatiner Adels (C—P).
72.	„	216 Wappen der Edelleute Preussens (H—J).
73.	„	216 Wappen der Edelleute Preussens (J—K).
74.	„	108 Wappen des Anhalter- und 105 Wappen des Braunschweiger Adels.

75.	Liefg.:	216 **Wappen** des Dalmatiner Adels (P—Z und A—F).
76.	„	216 **Wappen** der Edelleute Preussens (K).
77.	„	213 **Wappen** des Schleswig-Holsteiner- u. Lauenburger Adels.
78.	„	84 **Wappen** der Ausserdeutschen Souveräne und Staaten (Schweiz, Kgr. Italien, Republik Spanien, Griechenland, Türkei, Rumänien, Moldau. Wallachei, Aegypten, Marocco, Tripolis, Tunis, Transval Republik, Orangefluss Freistaat, Persien, China, Birma und Siam).
79.	„	216 **Wappen** der Edelleute Preussens (K - L).
80.	„	30 **Wappen** der Ausserdeutschen Souveräne und Staaten (Japan, Nordamerika, Mexiko, Costa Rica, Nicaragua, Honduras, San Salvator. Guatemala, Central-Amerika. Haiti, Brasilien, Venezuella, Neu-Granada. Ecuador, Peru, Bolivia, Chili, Argent. Rupubl., Uruguay, Paraguay, Columbien, Australien).
81.	„	288 **Wappen** der Städte und Märkte etc.
82.	„	209 **Wappen** des Adels von Hannover.
83.	„	209 **Wappen** des Adels von Hannover. (Schluss).
84.	„	216 **Wappen** der Edelleute Preussens (L—M).
85.	„	288 **Wappen** der Städte und Märkte etc.
86.	„	167 **Wappen** des Adels des Grossherzth. Luxemburg.
87.	„	264 **Wappen** des Adels der Freien Städte Hamburg, Bremen und Lübek.
88.	„	216 **Wappen** der Edelleute Preussens (M).
89.	„	200 **Wappen** des Elsässer Adels.
90.	„	288 **Wappen** der Städte und Märkte etc.
91.	„	216 **Wappen** der Edelleute Preussens (M—O).
92.	„	215 **Wappen** des Elsässer Adels.
93.	„	288 **Wappen** der Städte und Märkte.
94.	„	182 **Wappen** des Dalmatiner Adels.
95.	„	216 **Wappen** der Edelleute Preussens (O—P).
96.	„	109 **Wappen** des Oldenburger- u 84 **Wappen** des Lippe'schen Adels.
97.	„	216 **Wappen** des Abgestorbenen Adels der Provinz Preussen.
98.	„	202 **Wappen** des Adels von Baden.
99.	„	190 **Wappen** des Deutsch-Lothringer Adels.
100.	„	216 **Wappen** der Edelleute Preussens (P—R).
101.	„	26 **Wappen** des Hohen Adels.
102.	„	36 **Wappen** des Hohen Adels.
103.	„	212 **Wappen** des deutsch Lothringer Adels.
104.	„	216 **Wappen** des Abgestorbenen Adels der Provinz Preussen.
105.	„	{112 **Wappen** des deutsch Lothringer Adels. (Schluss). 96 **Wappen** des Reussischen Adels.
106.	„	33 **Wappen** des Hohen Adels.
107.	„	41 **Wappen** des Hohen Adels.
108.	„	271 **Wappen** der Städte und Märkte.
109.	„	216 **Wappen** der Edelleute Preussens (R.)
110.	„	216 **Wappen** des Abgestorbenen Adels der Provinz Preussen.
111.	„	39 **Wappen** des Hohen Adels.
112.	„	19 **Wappen** des Dalmatiner Adels (Schluss).
113.	„	40 **Wappen** des Hohen Adels.
114.	„	42 **Wappen** des Hohen Adels.
115.	„	40 **Wappen** des Hohen Adels.
116.	„	216 **Wappen** des Abgestorbenen Adels der Provinz Preussen.
117.	„	216 **Wappen** der Edelleute Preussens (R. S.)
118.	„	288 **Wappen** der Städte und Märkte.
119.	„	59 **Wappen** des Hohen Adels.
120.	„	116 **Wappen** des Agestorbenen Adels der Provinz Preussen (Schluss).
121.	„	33 **Wappen** des Hohen Adels (Lfg. I. der IIten Reihe).

122. Liefg.:	37	Wappen des Hohen Adels.
123. „	288	Wappen der Städte und Märkte.
124. „	216	Wappen der Edelleute Preussens (S).
125. „	35	Wappen des Hohen Adels.
126. „	288	Wappen der Städte und Märkte.
127. „	38	Wappen des Hohen Adels.
128. „	30	Wappen der Bisthümer.
129. „	215	Wappen des Adels in Baden.
130. „	35	Wappen des Hohen Adels.
131. „	48	Wappen des Hohen Adels.
132. „	44	Wappen des Hohen Adels.
133. „	216	Wappen des Adels in Baden.
134. „	216	Wappen des Abgestorbenen Adels der Provinz und Mark Brandenburg.
135. „	32	Wappen der Bisthümer.
136. „	56	Wappen des Hohen Adels (Anhang zur IIten Reihe).
137. „	216	Wappen der Edelleute Preussens (S.)
138. „	115	Abbildungen der Flaggen.
139. „	131	Abbildungen der Flaggen.
140. „	55	Wappen des Hohen Adels.
141. „	44	Wappen der Bisthümer.
142. „	216	Wappen der Edelleute Preussens (S. T.)
143. „	169	Abbildungen der Flaggen.
144. „	70	Wappen des Hohen Adels.
145. „	130	Abbildungen der Flaggen.
146. „	288	Wappen der Städte.
147. „	214	Abbildungen der Flaggen (Schluss.)

Vielfachen Wünschen und fortwährenden Anfragen an uns zu genügen, haben wir uns entschlossen, die bis jetzt zum Abschlusse gelangten Abtheilungen des Werkes auch einzeln abzulassen und geben wir nachfolgend ein Verzeichniss derselben nebst den dafür bestimmten billigsten Preisen.

Grundsätze der Wappenkunst. gr. 4. 50 Seiten Text, mit 14 lithogr. Tafeln. geb. Mark 6 —
Wappenbuch der souveränen Staaten des ehemal. deutschen Bundes. gr. 4. 49 Seiten Text mit 115 lithogr. Tafeln. geb. Mark 32. —
Wappenbuch der ausserdeutschen Souveräne und Staaten. gr. 4. 60 Seiten Text mit 162 lith. Tafeln. geb. Mark 50. —
Wappenbuch des Hohen Adels Deutschland. I. Reihe. gr. 4. 95 Seiten Text mit 213 lith. Tafeln. geb. Mark 70. —
Abbildung u. Beschreibung aller Landes- Handels- u. Kriegsflaggen europ. u. aussereurop. Staaten. gr. 4. 24 Seiten Text mit 91 lith. Taf. geb. M. 36. —
Wappenbuch des gesammten blühenden Adels des Königreichs Bayern. gr. 4. 132 Seiten Text mit 156 lith. Tafeln. geb. Mark 50. —
Wappenbuch des blühenden Adels des Herzogthums Braunschweig. gr. 4. 11 Seiten Text mit 9 lith. Tafeln. geb. Mark 4. —
Wappenbuch des gesammten blühenden Adels des Königreichs Sachsen und der Herzogthümer. gr. 4. 59 Seiten Text mit 63 lith. Tafeln. geb. Mark 21. —
Wappenbuch des Thüringer Adels. Fürstenthümer Schwarzburg, Waldeck und Reuss. gr. 4. 16 Seiten Text mit 15 lith. Tafeln. geb. Mark 5. 60 Pf.
Wappenbuch des gesammten Adels des Königreichs Württemberg. gr. 4. 19 Seiten Text mit 25 lith. Tafeln. geb. Mark 12. —
Wappenbuch des gesammten blühenden Adels des Grossherzogthums Oldenburg. gr. 4. 13 Seiten Text mit 13 lith. Tafeln. geb. Mark 5. —

Wappenbuch des gesammten blühenden Adels der Grossherzogthümer Mecklenburg. gr. 4. 24 Seiten Text mit 21 lith. Tafeln. geb. Mark 9. —
Wappenbuch des gesammten Adels der Herzogthümer Anhalt. gr. 4. 8 Seiten Text mit 9 lith. Tafeln. geb. Mark 4. —
Wappenbuch des gesammten blühenden Adels der Herzogthümer Schleswig-Holstein und Lauenburg. gr. 4. 28 Seiten Text mit 18 lith. Taf. geb. M. 7. 20 Pf.
Wappenbuch des gesammten Adels des Grossherzogthums Luxemburg. gr. 4. 16 Seiten Text mit 14 lith. Tafeln. geb. Mark 6. —
Wappenbuch des gesammten Adels des Herzogthums Nassau. gr. 4. 14 Seiten Text mit 15 lith. Tafeln. geb. Mark 5. 60 Pf.
Wappenbuch des Adels der freien Stadt Frankfurt. gr. 4. 9 Seiten Text mit 8 lith. Tafeln. geb. Mark 4. —
Wappenbuch des gesammten blühenden Adels des Königreichs Hannover. gr. 4. 38 Seiten Text mit 36 lith. Tafeln. geb. Mark 12. —
Wappenbuch des gesammten Adels des Herzogthums Elsass. gr. 4. 36 Seiten Text mit 36 lith. Tafeln. geb. Mark 12. —
Wappenbuch des gesammten Adels von Deutsch-Lothringen. gr. 4. 62 Seiten Text mit 46 lith. Tafeln. geb. Mark 18. —
Wappenbuch des gesammten blühenden Adels des Königreichs Preussen. Grafen und Freiherren. gr. 4. 91 Seiten Text mit 93 lith. Tafeln. geb. M. 30. —
Wappenbuch des gesammten Adels der freien Städte Hamburg, Bremen und Lübeck. gr. 4. 24 Seiten Text mit 22 lith. Tafeln. geb. Mark 9. —
Wappenbuch des gesammten blühenden Hessischen Adels. Kurfürstenthum und Grossherzogthum. gr. 4. 31 Seiten Text mit 36 lith. Tafeln. geb. M. 12. —
Wappenbuch des gesammten blühenden Adels der Fürstenthümer Lippe. gr. 4. 8 Seiten Text mit 7 lith. Tafeln. geb. Mark 4. —
Wappenbuch des gesammten Adels der gefürsteten Grafschaft Tyrol. gr. 4. 20 Seiten Text mit 23 lith. Tafeln. geb. Mark 10. 20 Pf.
Wappenbuch des gesammten Adels des Herzogthums Krain nebst den Grafschaften Görz und Gradiska. gr. 4. 31 Seiten Text mit 29 lith. Taf. geb. Mark 12. —
Wappenbuch des gesammten Adels des Königreichs Dalmatien. gr. 4. 150 Seiten Text mit 79 lith. Tafeln. geb. Mark 30. —
Wappenbuch, bürgerliches. Erster Theil. gr. 4. Enthaltend 2000 Wappen nebst Beschreibung, 69 Seiten Text mit 100 lith. Tafeln. geb. Mark 30. —
Wappenbuch, bürgerliches. Zweiter Theil. gr. 4. Enthaltend 2000 Wappen nebst Beschreibung, 60 Seiten Text mit 100 lith. Tafeln. geb. Mark 30. —
Wappenbuch des Abgestorbenen Adels der Provinz Ost- und Westpreussen. gr. 4. 120 Seiten Text, mit 80 lith. Tafeln. geb. Mark 30. —

Die Zeit die durch Erhöhung der Arbeitslöhne und der Preise der Materialien alles theurer machte, zwang auch uns, obgleich ungern, den Subscriptionspreis der Lieferungen von 112 ab, auf Mark 6. — zu erhöhen. Der treugebliebene Kreis der bisherigen Abnehmer hat uns gezeigt, dass dieselben das Recht dieser geringen Mehrauslage anerkannt haben und bitten wir hiemit wiederholt um die Fortdauer des bisher gezeigten Wohlwollens und Weiterempfehlung dieses nationalen Unternehmens in Bekanntenkreisen. Die Neuanschaffung des ganzen Werkes oder Ergänzung aufgegebener Subscriptionen erleichtern wir gerne in jeder Weise.

Einzelne Lieferungen werden, nach wie vor, aparte abgegeben und zwar aus den Lieferungen 1—111 zu Mark 6, von 112 ab zu Mark 7. 50 Pfg.